Você e a Astrologia

# LEÃO

# Bel-Adar

## Você e a Astrologia

# LEÃO

*Para os nascidos de
22 de julho a 22 de agosto*

Editora
Pensamento
SÃO PAULO

Copyright da 1ª edição © 1968 Editora Pensamento-Cultrix Ltda.

13ª edição 2012.

Todos os direitos reservados. Nenhuma parte desta obra pode ser reproduzida ou usada de qualquer forma ou por qualquer meio, eletrônico ou mecânico, inclusive fotocópias, gravações ou sistema de armazenamento em banco de dados, sem permissão por escrito, exceto nos casos de trechos curtos citados em resenhas críticas ou artigos de revistas.

A Editora Pensamento não se responsabiliza por eventuais mudanças ocorridas nos endereços convencionais ou eletrônicos citados neste livro.

**Dados Internacionais de Catalogação na Publicação (CIP)**
**(Câmara Brasileira do Livro, SP, Brasil)**

Bel-Adar
    Você e a astrologia : leão : para os nascidos de 22 de julho a 22 de agosto / Bel-Adar. – São Paulo : Pensamento, 2009.

    12ª reimpr. da 1. ed. de 1968.
    ISBN 978-85-315-0717-5

    1. Astrologia 2. Horóscopos I. Título.

08-11181                                          CDD-133.5

Índices para catálogo sistemático:
1. Astrologia 133.5

---

Direitos reservados
**EDITORA PENSAMENTO-CULTRIX LTDA.**
Rua Dr. Mário Vicente, 368 — 04270-000 — São Paulo, SP
Fone: (11) 2066-9000 — Fax: (11) 2066-9008
E-mail: atendimento@editorapensamento.com.br
http://www.editorapensamento.com.br
Foi feito o depósito legal.

---

# INDÍCE

ASTROLOGIA ........................................................... 7

O ZODÍACO............................................................. 15

LEÃO .................................................................. 19

NATUREZA CÓSMICA DE LEÃO .................................... 21
    O elemento fogo, 21. Vibração, 23. Polaridade,
    24. Ritmo, 25. Vitalidade, 26. Fecundidade, 27.
    Figura simbólica, 28. Netuno em Leão, 29. Urano
    em Leão, 29. Síntese cósmica, 29.

O LEONINO............................................................. 31
    Como identificar um leonino, 31. A soberania, 31.
    A coragem, 33. A mulher de Leão, 35. Alegria e
    otimismo, 36. A casa da fortuna, 38. Sociabilida-
    de, 39. Honestidade e confiança, 41. A generosi-
    dade do Leão, 42. Síntese, 44.

O DESTINO ............................................................ 47
    Evolução material, 49. Família, 51. Amor, 52. Fi-
    lhos, 53. Posição social, 54. Finanças, 55. Saúde,
    58. Amigos, 60. Inimigos, 61. Viagens, 62. Profis-
    sões, 63. Síntese, 65.

A CRIANÇA DE LEÃO ................................................ 67

O TRIÂNGULO DE FOGO ............................................. 71

AS NOVE FACES DE LEÃO ........................................... 75
Tipo Leonino–Solar, 75. Tipo Leonino–Jupiteriano, 77. Tipo Leonino–Marciano, 80.

LEÃO E O ZODÍACO ................................................. 83
Leão–Áries, 84. Leão–Touro, 88. Leão–Gêmeos, 92. Leão–Câncer, 95. Leão–Leão, 98. Leão–Virgem, 101. Leão–Libra, 105. Leão–Escorpião, 108. Leão–Sagitário, 112. Leão–Capricórnio, 115. Leão–Aquário, 119. Leão–Peixes, 122.

SOL, O REGENTE DE LEÃO .......................................... 127
Simbolismo das cores, 132. A magia das pedras e dos metais, 135. A mística das plantas e dos perfumes, 136.

O SOL E OS SETE DIAS DA SEMANA ............................... 137
Segunda-Feira, 137. Terça-Feira, 138. Quarta-Feira, 138. Quinta-Feira, 139. Sexta-Feira, 140. Sábado, 142. Domingo, 143.

MITOLOGIA ........................................................... 145
Leão, 145. Apolo, o Sol, 148.

ASTRONOMIA ......................................................... 153
A constelação de Leão, 153. O Sol, 154.

ALGUNS LEONINOS FAMOSOS ...................................... 159

# ASTROLOGIA

Mergulhando no passado, em busca das origens da Astrologia, descobre-se que ela já existia, na Mesopotâmia, trinta séculos antes da Era Cristã. No século VI a.C., atingiu a Índia e a China. A Grécia recebeu-a em seu período helênico e transmitiu-a aos romanos e aos árabes. Caldeus e egípcios a praticaram; estes últimos, excelentes astrônomos e astrólogos, descobriram que a duração do ano era de 365 dias e um quarto e o dividiram em doze meses, de trinta dias cada, com mais cinco dias excedentes.

Foram os geniais gregos que aperfeiçoaram a Ciência Astrológica e, dois séculos antes da nossa era, levantavam horóscopos genetlíacos exatamente como os levantamos hoje. Criaram o zodíaco intelectual, com doze signos de trinta dias, ou trinta graus cada, e aos cinco dias restantes deram o nome de epagômenos. Delimitaram a faixa zodiacal celeste, sendo que os primeiros passos para isso foram dados pelo grande filósofo Anaximandro e por Cleostratus. Outro filósofo, de nome Eudoxos, ocupou-se de um processo chamado *catasterismo*, identificando as estrelas com os deuses. Plutão associou o Sol a um deus composto, Apolo-Hélios, e criou um sistema de teologia astral. Hiparcus, um dos maiores gregos de todos os tempos, foi apologista fervoroso do poder dos astros, e epicuristas e estóicos, que compunham as duas mais poderosas frentes filosóficas que o homem jamais conheceu, dividiam suas opiniões; enquanto os epicuristas rejeitavam a Astrologia, os estóicos a defendiam ardentemente e cultivavam a teoria da *simpatia universal*, ligando o pequeno mundo do homem, o microcosmo, ao grande mundo da natureza, o macrocosmo.

Os antigos romanos relutaram em aceitar a ciência dos astros, pois tinham seus próprios deuses e processos divinatórios. Cícero repeliu-a, mas Nigidius Figulus, o homem mais culto de sua época, defendeu-a com ardor. Com o Império ela triunfou e César Augusto foi um dos seus principais adeptos. Com o domínio do cristianismo perdeu sua característica de conhecimento sagrado, para manter-se apenas como arte divinal, pois os cristãos opunham a vontade do Criador ao determinismo das estrelas. Esqueceram-se, talvez, que foi o Criador quem fez essas mesmas estrelas e, segundo o Gênese, cap. 1, vers. 14, ao criá-las, disse:

"...e que sejam elas para sinais e para tempos determinados..."

Nos tempos de Carlos Magno, a Astrologia se espalhou por toda a Europa. Mais tarde, os invasores árabes reforçaram a cultura européia e a Ciência Astronômica e Astrológica ao divulgarem duas obras de Ptolomeu, o Almagesto e o Tetrabiblos. Na Idade Média ela se manteve poderosa e nem mesmo o advento da Reforma conseguiu prejudicá-la, sendo que dois brilhantes astrônomos dessa época, Ticho Brahe e Kepler, eram, também, eminentes astrólogos.

Hoje a Ciência Astrológica é mundialmente conhecida e, embora negada por uns, tem o respeito da maioria. Inúmeros tratados, onde competentes intelectuais estabelecem bases racionais e milhares de livros, revistas e almanaques populares são publicados anualmente e exemplares são permutados entre todos os países. Gradualmente ela vem sendo despida de suas características de adivinhação e superstição, para ser considerada em seu justo e elevado valor, pois é um ramo de conhecimento tão respeitável quanto a Psicologia, a Psicanálise, a Psiquiatria ou a Parapsicologia, que estudam e classificam os fenômenos sem testes de laboratório e sem instrumentos de física, empregando, apenas, a análise e a observação.

Os cientistas de nossa avançada era astrofísica e espacial já descobriram que, quando há protuberâncias no equador solar ou explodem bolhas gigantescas em nosso astro central, aqui, na Terra, em conseqüência dessas bolhas e explosões, seres humanos sofrem ataques apopléticos ou são vitimados por embolias; isto acontece porque a Terra é bombardeada por uma violenta tempestade de elétrons e ondas curtas, da natureza dos Raios Roentgen, que emanam das crateras deixadas por essas convulsões solares e que causam, nos homens, perturbações que podem ser medidas por aparelhos de física e que provocam os espasmos arteriais, aumentando a mortalidade. Usando-se um microscópio eletrônico, pode-se ver a trajetória vertiginosa dos elétrons, atravessando o tecido nervoso de um ser humano; pode-se, também, interromper essa trajetória usando campos magnéticos. Raios cósmicos, provindos de desconhecidos pontos do Universo, viajando à velocidade de 300 000 quilômetros por segundo e tendo um comprimento de onda de um trilionésimo de milímetro, caem como chuva ininterrupta sobre a Terra, varando nossa atmosfera e atravessando paredes de concreto e de aço com a mesma facilidade com que penetram em nossa caixa craniana e atingem nosso cérebro. Observações provaram que a Lua influencia as marés, o fluxo menstrual das mulheres, o nascimento das crianças e animais, a germinação das plantas e provoca reações em determinados tipos de doentes mentais.

É difícil, portanto, admitir esses fatos e, ao mesmo tempo, negar que os astros possam emitir vibrações e criar campos magnéticos que agem sobre as criaturas humanas; é, também, difícil negar que a Astrologia tem meios para proporcionar o conhecimento do temperamento, caráter e conseqüente comportamento do homem, justamente baseando-se nos fenômenos cósmicos e nos efeitos magnéticos dos planetas e estrelas. Um cético poderá observar que está pronto a considerar que é possível classificar, com acerto, as criaturas dentro de doze signos astrológicos, mas que acha absurdo prever o destino por meio dos astros. Objetamos, então, que o destino de uma pessoa resulta de uma série de fatores, sendo que os mais importantes, depois do seu caráter e temperamento, são o seu comportamento e as suas atitudes mentais. Pode-se, por conseguinte, com conhecimentos profundos da Astrologia, prever muitos acontecimentos, com a mesma base científica que tem o psiquiatra, que pode adivinhar o que acontecerá a um doente que tem mania de suicídio, se o deixarem a sós, em um momento de depressão, com uma arma carregada.

Muitos charlatães têm a vaga noção de que Sagitário é um cavalinho com tronco de homem e Capricórnio é um signo que tem o desenho engraçado de uma cabra com rabinho de peixe. Utilizando esse "profundo" conhecimento, fazem predições em revistas e jornais, com razoável êxito financeiro. Outros "astrólogos", mais alfabetizados, decoram as induções básicas dos planetas e dos signos e depois, entusiasmados, fazem horóscopos e previsões de acontecimentos que não se realizam: desse modo, colocam a Astrologia em descrédito, da mesma forma que seria ridícula a Astronáutica se muitos ignorantes se metessem a construir espaçonaves em seus quintais. Devem todos, pois, fugir desses mistificadores como fugiriam de alguém que dissesse ser médico sem antes ter feito os estudos necessários. Os horóscopos só devem ser levantados por quem tem conhecimento e capacidade e só devem ser acatadas publicações endossadas por nomes respeitáveis ou por organizações de reconhecido valor, que se imponham por uma tradição de seriedade e rigor.

A Astrologia não é um negócio, é uma Ciência; Ciência capaz de indicar as nossas reais possibilidades e acusar as falhas que nos impedem de realizar nossos desejos e os objetivos da nossa personalidade; capaz de nos ajudar na educação e orientação das crianças de modo a que sejam aproveitadas, ao máximo, as positivas induções do signo presente no momento natal; que pode apontar quais os pontos fracos do nosso corpo, auxiliando-nos a preservar a saúde; essa ciência nos mostrará as afinidades e hostilidades existentes entre os doze tipos zodiacais de modo que possamos ter felicidade no lar, prosperidade nos negócios, alegria com os amigos e relações harmônicas com todos os nossos semelhantes. As estrelas, enfim, nos desvendarão seus mistérios e nos ensinarão a solucionar os transcendentes problemas do homem e do seu destino, dando-nos a chave de ouro que abrirá as portas para uma vida feliz e harmônica, onde conheceremos mais vitórias do que derrotas.

BEL-ADAR

# O ZODÍACO

O zodíaco é uma zona circular cuja eclíptica ocupa o centro. É o caminho que o Sol parece percorrer em um ano e nela estão colocadas as constelações chamadas zodiacais que correspondem, astrologicamente, aos doze signos. O ano solar (astronômico) e intelectual (astrológico) tem início em 21 de março, quando o Sol atinge, aparentemente, o zero grau de Áries, no equinócio vernal, que corresponde, em nossa latitude, à entrada do outono. Atualmente, em virtude da precessão dos equinócios, os signos não correspondem à posição das constelações, somente havendo perfeita concordância entre uns e outros a cada 25 800 anos, o que não altera, em nada, a influência cósmica dos grupos estelares em relação ao zodíaco astrológico.

Em Astrologia, o círculo zodiacal tem 360 graus e está dividido em doze Casas iguais, de 30 graus cada. Não há, historicamente, certeza de sua origem. Nos monumentos antigos da Índia e do Egito foram encontrados vários zodíacos, sendo os mais célebres o de

Denderah e os dos templos de Esné e Palmira. Provavelmente a Babilônia foi seu berço e tudo indica que as figuras que o compunham, primitivamente, foram elaboradas com os desenhos das estrelas que compõem as constelações, associados a certos traços que formam o substrato dos alfabetos assírio-babilônicos.

Cosmicamente, o zodíaco representa o homem arquetípico, contendo: o binário masculino-feminino, constituído pela polaridade *positivo-negativa* dos signos; o ternário rítmico da dinâmica universal, ou seja, os ritmos *cardinal, fixo e mutável;* o quaternário, que representa os dois aspectos da matéria, cinético e estático, que se traduzem por *calor e frio — umidade e secura.* Este quaternário é encontrado nas forças fundamentais — radiante, expansiva, fluente e coesiva — e em seus quatro estados de materialização elementar: *fogo, ar, água e terra.*

Na Cabala vemos que Kjokmah, o segundo dos três principais Sephirot, cujo nome divino é Jehovah, tem como símbolo a *linha,* e seu Chakra mundano, ou representação material, é Mazloth, o Zodíaco. Também a Cabala nos ensina que Kether, o primeiro e supremo Sephirahm cujo Chakra mundano é "Primeiro Movimento", tem, entre outros, o seguinte título, segundo o texto yetzirático: *Ponto Primordial.* Segundo a definição euclidiana, o ponto tem posição, mas não possui dimensão; estendendo-se, porém, que ele produz a linha. Kether, portanto, é o Ponto Primordial, o princípio de todas as coisas, a fonte de energia não manifestada, que se estende e se materializa em Mazloth, o Zodíaco, cabalisticamente chamado de "O Grande Estimulador do Universo" e misticamente considerado como Adam Kadmon, o primeiro homem.

Pode-se, então, reconhecer a profunda e transcendente importância da Astrologia quando vemos no Zodíaco o Adam Kadmon, o homem arquetípico, que se alimenta espiritualmente através do cordão umbilical que o une ao logos e que está harmonicamente adaptado ao equilíbrio universal pelas leis de Polaridade e Ritmo expressas nos doze signos.

# LEÃO

Leão é a quinta constelação zodiacal, e corresponde ao quinto signo astrológico, dominando sobre os dias que vão de 22 de julho a 22 de agosto. É a morada do Sol, o astro que foi adorado como Deus por inúmeras civilizações antigas; feliz é aquele que nasce sob suas estrelas e sabe aproveitar suas benéficas vibrações. Sua figura simbólica é a de um leão, o animal que representa a realeza, sua palavra-chave é GENEROSIDADE e ele é um dos quatro signos da mística Cruz do Mundo.

Segundo a Cabala, seu regente divino e Verchel e, segundo a Magia Teúrgica, os seres celestiais a ele correspondentes são as Potências, criaturas superiores que têm poder sobre os anjos e os homens. De acordo com os ensinamentos da Ordem Rosa-Cruz, as iniciais I.N.R.I., colocadas no madeiro onde Jesus foi crucificado, indicam os quatro elementos em língua hebraica: *Iam*, água — *Nour*, fogo — *Ruach*, espírito ou ar vital — *Iabeshab*, terra. O fogo, elemento a que pertence Leão, portanto, é indicado pelo N, a segunda letra da Cruz.

Por sua natureza ígnea, ele corresponde ao Plano Espiritual dos quatro planos da vida. Na Magia pertence aos espíritos do fogo, as Salamandras e, nas palavras da oração mágica dessas ardentes criaturas das chamas, encontramos a idéia do fogo como divindade incriada e criadora:

"...tua áurea, grande e eterna majestade resplandece acima do mundo, do céu e das estrelas; tu és elevado sobre elas, ó fogo resplandecente! Lá tu te iluminas e te manténs pelo teu próprio esplendor e saem de tua essência regatos inesgotáveis de luz que nutrem teu espírito infinito..."

# NATUREZA CÓSMICA DE LEÃO

## O elemento fogo

Leão é um signo de fogo, elemento de força radiante, que tudo ilumina e fortalece com sua irradiação vital. Em virtude de ser o trono zodiacal do Sol, sua natureza ígnea tem sua essência duplicada, e suas vibrações tanto podem produzir os mais sublimes e puros efeitos como podem aniquilar ou enfraquecer em virtude da intensidade que lhe é própria.

Por suas próprias qualidades e também em razão da influência solar, Leão é a Casa da generosidade, da alegria, da luz, da simpatia; e os leoninos costumam ser os tipos mais agradáveis, bondosos e joviais do zodíaco. Infelizmente, toda força positiva tem seu equivalente negativo; às grandes qualidades de Leão correspondem sérios defeitos como orgulho, materialismo, vaidade, prepotência e egoísmo.

O fogo é a fonte de toda a criação e inspiração. Os leoninos, como todos os nativos dos signos ígneos, nascem para ocupar uma posição de superioridade, para criar e deixar os outros realizarem e sempre independem de estímulos alheios, sendo auto-suficientes, capazes e confiantes. Pela especial condição de ser o domicílio do Sol, Leão confere aos seus nativos poder magnético, fazendo com que eles possam vencer e dominar seus semelhantes não só pela inteligência, mas também, por sua atração pessoal.

O generoso calor do fogo se manifesta mais no Leão do que nos nativos dos dois outros signos ígneos, Áries e Sagitário. O nativo de Leão é muito afetuoso, fraterno e compreensivo. Gosta de dominar e de ser obedecido, mas, ao mesmo tempo, reparte prodigamente tudo quanto possui: dinheiro, alegria e saúde. Sim, até saúde o leonino pode dar, pois a presença do Sol em Leão, dando irradiação, vital à sua aura, faz com que alguns tipos mais elevados possuam o dom de curar com sua simples presença ou mediante o toque de suas mãos; o mesmo acontece com os sagitarianos.

Em Áries o fogo é mais material, pois induz à ação constante e proporciona o desejo de conquistar pela força. Em Sagitário ele é a chama que determina a vontade de dominar pela inteligência e pelo conhecimento. Em Leão, o fogo se equilibra entre a matéria de Áries e o intelecto de Sagitário; é em Leão que ele se equilibra, proporcionando os meios mais fáceis para que o homem se desenvolva material, mental e espiritualmente.

## Vibração

A vibração dos signos de fogo sempre é intensa e constante, determinando um temperamento apaixonado, entusiasta e independente. A posição de Leão, no zodíaco, é a casa sucedente, ou seja, ele tem a faculdade de criar e estimular e tem também a função de complementar. Em virtude dessas condições, o leonino tanto pode levar a bom termo as próprias idéias, concretizando-as e dando-lhes uma estrutura objetiva, como pode apanhar as idéias alheias e materializá-las com igual êxito, ou colaborar na sua realização.

Como elemento de complementação, cabe-lhe proteger, apoiar e proporcionar os meios para que outros tipos astrológicos possam executar as próprias tarefas. O leonino tanto pode ser o idealizador de um soberbo empreendimento, como o financista que cede o capital para sua realização, o colaborador que trabalha em sua construção ou simplesmente o amigo que estimula o criador para que este leve avante o seu projeto: em todas essas funções, o seu mérito é o mesmo.

## Polaridade

O signo de Leão tem polaridade positiva, ou masculina. Tudo no universo tem dois pólos, como a Terra com o seu norte e seu sul. Em Astrologia, masculino ou feminino, positivo ou negativo, são termos que, quando empregados em relação aos signos, não indicam sexo, debilidade ou exaltação, mas identificam os pólos em complementação mútua. Já, quando empregados em relação aos indivíduos, os termos positivo e negativo identificam sua qualidade moral.

Todos os nativos dos signos positivos são independentes, às vezes rebeldes e sempre têm uma vontade forte e uma personalidade bastante dinâmica e ativa. Os leoninos possuem uma natureza que está preparada para impressionar e não para ser impressionada e seu temperamento é mais feito para comandar do que para receber ordens. Por sua polaridade positiva, o Leão lhes dá capacidade para realizar qualquer espécie de trabalho, enfrentar todas as situações e resolver sozinhos seus próprios problemas, sem ajuda ou conselho dos outros. Apesar de mais cordatos e compreensivos do que os nativos dos outros signos de polaridade positiva, geralmente os leoninos só gostam de fazer aquilo que é do seu inteiro agrado e se tornam agressivos e mal-humorados quando surge algum obstáculo aos seus desejos.

É ainda a polaridade masculina do Leão que faz com que seus nativos sejam dotados de forte magnetismo pessoal. Dá-lhes valor e coragem, e até as mulheres leoninas são valentes e dominadoras, sem, todavia, perderem a irradiante simpatia que este signo e seu regente, o Sol, costumam proporcionar.

## Ritmo

Todas as coisas têm uma situação no tempo, passado, presente, e futuro, e uma posição no espaço. O ritmo também tem três manifestações: de evolução no tempo, formador do espaço e cinético do movimento. Suas duas forças básicas, atividade e inércia, ou seja, impulso e estabilidade geram uma terceira, que é o ritmo mutável e que representa o equilíbrio entre ambas.

O signo de Leão é de ritmo estável, ou fixo, o que faz com que seus nativos, a despeito da natureza vibrante do elemento fogo, tenham um temperamento mais tranqüilo e sejam capazes de concentrar sua atenção em todos os trabalhos, quer de duração prolongada, quer de breve realização. Dá-lhes, também, uma inteligência mais profunda e uma atividade mais equilibrada. O ritmo fixo caracteriza os quatro signos que formam a Cruz do Mundo, pois, para evoluir, deve-se ter os olhos no infinito, mas é necessário conservar os pés no chão e nunca esquecer que a matéria está estreitamente ligada ao espírito.

Por sua constante rítmica, o leonino difere bastante dos demais nativos do fogo. Os arianos são impulsivos e ardentes, mas seu interesse é passageiro e sua inteligência, embora brilhante, sempre é superficial; os sagitarianos são flexíveis e intelectuais, mas seu ritmo mutável determina pouca constância nas ações e muita instabilidade no pensamento; já os leoninos são obstinados e constantes, não fugindo nem mesmo ao sacrifício pessoal se resolverem levar a termo qualquer empreendimento. Seu interesse não é passageiro e com o mesmo entusiasmo com que idealizam um plano, trabalham para concretizá-lo e não o abandonam até a realização final.

Leão possui grandes qualidades, mas tem uma característica perigosa, pois podem destruir-se em virtude da perseverança que demonstra tanto no trabalho como no amor, no jogo ou nos prazeres.

## Vitalidade

Leão é um signo de vitalidade, seus eflúvios possuem qualidades revigorantes e cicatrizantes e os que nascem sob sua influência quase sempre gozam de excelente saúde. As propriedades vitalizantes do Leão se estendem tanto ao corpo como à aura, o que faz com que as irradiações magnéticas dos leoninos tragam bem-estar e saúde aos seus semelhantes. O poder cicatrizante também tanto se refere à parte física como à astral; os leoninos depressa se recuperam de qualquer ferimento material e também têm a faculdade de curar, em si e nos outros, qualquer lesão do corpo astral. As dores da alma são facilmente superadas por eles e, com sua ajuda, trazem conforto moral a quem está sofrendo.

Sendo este signo a morada do Sol, seu poder vivificante se intensifica de modo poderoso. Há certos tipos astrológicos que sugam e absorvem a vitalidade de outras pessoas, o que não acontece com o leonino cuja natureza é irradiante e não absorvente, possuindo eles o privilégio de dar muito mais do que recebem.

## Fecundidade

Leão é considerado um signo estéril, o que significa que sua descendência será inexistente ou diminuta; o maior ou menor número de filhos no destino do leonino dependerá sempre de seu cônjuge.

Espiritualmente, porém, o Leão é extremamente fecundo, pois seus nativos poderão apresentar no amor ou trabalho, realizações valiosas e elevadas. O leonino gosta de viver intensamente, aprecia tudo quanto é belo, bom e agradável, mas não é egoísta; espalha generosamente o que tem, faz multiplicar sua alegria para poder dividi-la com os outros, e estimula tudo quanto possa ser útil à Humanidade. Suas obras são sempre bem-feitas e possuem um sentido elevado e mesmo quando ele não deixa um filho para usar seu nome, sempre deixa seu nome associado a alguma coisa de grande valor.

## Figura simbólica

O símbolo do signo de Leão é um leão, considerado animal nobre e como personificação da força, da coragem e da soberania. Este signo, portanto, em virtude das características de sua figura simbólica e de sua poderosa irradiação solar, pode dar grande beleza aos seus nativos, o mesmo não acontecendo com certos setores zodiacais também representados por animais.

Mesmo os leoninos possuidores de menores dotes físicos serão sempre muito atraentes e simpáticos. Os olhos bonitos, grandes e luminosos quase sempre são a marca do Leão e, segundo a tradição, os leoninos nascidos ao amanhecer possuem a faculdade de encarar o Sol sem qualquer perturbação. O zootipo do leonino puro, sem outras influências planetárias, é o leão; o zootipo do nativo de Leão que desenvolve seus dotes intelectuais é o do falcão.

## Netuno em Leão

Netuno, mitologicamente associado ao deus dos abismos marinhos, onde a luz do Sol não penetra, encontra sua exaltação no signo do Leão. É um contraste muito interessante, pois a posição das naturezas cósmicas de Leão e Netuno determina uma complementação harmoniosa em lugar de estabelecer uma condição hostil.

A soberania de Leão se opõe à vibração messiânica e pura de Netuno, mas na generosidade, no amor ao próximo e na prodigalidade com que um espalha alegria e saúde e o outro distribui fé e conforto, ambos se identificam, unindo-se nos elevados ideais em favor da Humanidade.

## Urano em Leão

Apesar da polaridade positiva e da natureza ígnea, que tudo arrasa com o seu sopro sufocante para depois iniciar a obra da reconstrução, Leão tem, em virtude de seu ritmo estável, uma qualidade conservadora e preservadora. Por essa razão, Urano, o planeta da inovação e da rebeldia, tem neste signo a sua Casa de exílio. Neste setor inibem-se suas qualidades revolucionárias e transformadoras; o Leão, do mesmo modo que Sagitário, é amante da ordem e da hierarquia, enquanto Urano, sempre em busca da perfeição, tem a consciência livre de leis e regras, foge das limitações humanas e procura a unidade entre o *eu* e o *mais além*.

## Síntese cósmica

Os Evangelhos têm como símbolos quatro figuras astrológicas e Leão representa o Evangelho de São Marcos. A mística Cruz do Mundo é formada por quatro signos fixos, que marcam o meio das estações ou os períodos do ano em que a Natureza se estabiliza; são eles Touro, Leão, Escorpião e Aquário. Esses signos, reunidos, compõem a misteriosa Esfinge que tem corpo de touro (Touro), garras de leão (Leão), cauda de serpente (Escorpião) e cabeça humana (Aquário).

Sob a influência generosa de Leão e sob os influxos reais do Sol estão as mais benéficas irradiações do zodíaco. Estas vibrações podem espalhar bondade, saúde, vitalidade, alegria e paz espiritual e podem purificar as emoções e sensações. Na compensação negativa, o Sol pode se tronar um elemento de destruição e as garras e presas do Leão podem ferir cruelmente.

Leão é considerado como o signo da realeza e do poder e seus nativos podem ter certeza de que nada lhes faltará para que possam realizar seus problemas mais ambiciosos. No plano material Leão pode trazer glória e riqueza e nos planos superiores ele pode conduzir ao mais elevado ideal de sabedoria e fraternidade, o que também representa a glória e a riqueza espiritual.

# O LEONINO

## Como identificar um leonino

Cabelo farto
Dramaticidade
Gosta de usar jóias de ouro
*Símbolo*: o leão
*Planeta regente*: Sol
*Casa natural*: quinta
*Elemento*: fogo
*Qualidade*: fixa
*Região do corpo*: coração
*Pedra preciosa*: rubi
*Cores*: laranja, dourado, vermelho intenso
*Flor*: cravo-de-defunto
*Frase-chave*: eu quero
*Palavra-chave*: generosidade
*Traços de personalidade*: afetivo, entusiasta, líder, romântico, temperamental, dramático, caloroso, criativo, pomposo, leal, generoso, extrovertido, egocêntrico, teimoso, mandão
*Países*: Itália (e a ilha da Sicília) e França

*Coisas comuns regidas por Leão*: teatro, jogo, árvores cítricas, leão, palco, realeza, palácio, festas, solários, trono

## A soberania

Leão é o signo da soberania e basta citar, além de Napoleão Bonaparte, mais dois nativos seus, Simon Bolívar e Benito Mussolini, para entender como a vitória e o poder são importantes para o leonino. Ele sofre intensamente quando é obrigado a viver de modo obscuro e, mesmo quando o destino não o transforma numa personalidade de alta importância, sempre procura ser, dentro do seu pequeno círculo de amigos e parentes, o solzinho em miniatura, a figura mais magnética e interessante.

Sempre que pode, todavia, o nativo de Leão procura fugir a qualquer condição medíocre e luta desesperadamente para obter uma posição condizente com sua natureza; como suas aptidões são muitas, sua inteligência é grande e as profissões que a ele se adaptam são numerosas, quase sempre consegue alcançar a almejada fortuna e o desejado prestígio. A prodigalidade, às vezes excessiva, é uma qualidade sua e o dinheiro é como água em suas mãos, não cria raízes, vem fácil, mas vai-se com maior facilidade ainda.

Muito generoso, e às vezes também muito vaidoso, o leonino gosta de gastar deliberadamente, consigo e com os outros; nisto às vezes é impelido por sua natureza pródiga, gentil, mas outras vezes é impulsionado por sua vaidade que exige que todos os julguem um pródigo nababo, para quem a fortuna é escrava e não senhora.

A perfeição é a meta do leonino. Entre os metais prefere o mais valioso, o ouro. Entre as pedras a mais preciosa, o diamante. Entre as obras de arte sempre escolhe a mais rara. Entre as atividades procura sempre aquela que lhe traga mais lucro em tempo mais breve e com menor esforço. Aristocrático e exigente gosta de tudo quanto é belo, luxuoso, refinado, elegante e para ele o dinheiro não é para ser guardado ou empregado a juros; é para ser gasto em coisas que tragam prazer ao corpo e à alma. Lança-se obstinadamente ao encalço da riqueza porque deseja, com ela, adquirir todas as coisas que aprecia; e a caprichosa Fortuna freqüentemente se deixa agarrar por ele, com a mesma docilidade com que se deixou alcançar por Henry Ford, o monarca da indústria automobilística e John Rockfeller, o rei do petróleo, ambos nascidos sob as estrelas do Leão.

## A coragem

Os signos de fogo inclinam à temeridade e à audácia. Em Leão essa tendência é mesclada à constância determinada por seu ritmo estável: os leoninos não recuam diante de ameaças, obstáculos ou perigos. São impetuosos, mas seus impulsos são controlados pela razão. Atacam sem temor, mas sabem esperar o momento mais apropriado para lançar-se à luta. Eles possuem uma indômita personalidade, uma vontade obstinada e uma fortaleza de ânimo capaz de ampará-los em todas as situações. Nunca perdem o entusiasmo e quando são derrotados jamais desanimam ou recuam; eles retomam forças e atacam novamente, com o mesmo ímpeto anterior.

A coragem é a marca do Leão. O leonino, nos momentos de perigo ou nas horas decisivas, mostra sempre grande sangue-frio. Em qualquer ocasião, por mais grave ou sombria que seja, ele jamais perde a confiança. A luta não o assusta, nenhum adversário lhe parece temível e nenhuma empresa lhe parece demasiadamente difícil, pois confia extremamente na sua própria capacidade. Em virtude do ritmo fixo de Leão, o leonino medita antes de agir, só esquecendo a prudência quando se sente lesado ou quando é ofendido. Sua natureza generosa, não alimenta ódios ou rancores. Sua cólera é violenta, porém breve, seu castigo é sempre justo e muitas vezes ele perdoa o ofensor. Deixa-se de bom grado humilhar por uma criança, esquece ou ignora o adversário mais fraco e enfrenta, sem receio, os inimigos de força igual ou superior à sua.

Naturalmente nem todos os que nascem sob as estrelas do Leão têm essa brilhante e fascinante personalidade. Há também aqueles que se contentam em viver comodamente, sem outra preocupação a não ser a de comer e vestir-se bem. Há, também, os que são preguiçosos demais para lutar e procuram a sombra de pessoas importantes; bajulando, caluniando, espiando ou servindo de intermediários nos corredores de repartições públicas, embaixadas, tribunais ou prostíbulos; satisfazem-se com a importância mesquinha que isso lhes traz e com as vantagens pecuniárias que disso podem tirar. Há também os covardes, que se submetem a tudo, que fazem carrancas, mas não reagem, como o leão de circo que obedece ao chicote do domador e parece apreciar as palmas da platéia.

## A mulher de Leão

As características de Leão se manifestam de igual modo nos homens e mulheres que nascem sob suas estrelas. A leonina, intelectual e materialmente, tem as mesmas qualidades e debilidades dos leoninos. Possui a mesma natureza intensa e jovial e o mesmo desejo de viver, de ser feliz e de aproveitar ao máximo todos os melhores momentos. É dotada também da qualidade irradiante própria do Leão, o que tanto a torna magnética e atraente como lhe dá a faculdade de repartir suas benéficas vibrações com seus semelhantes.

Talvez o que a leonina tenha em maior dose do que o homem nascido neste signo seja a vaidade. Ela jamais se descuida, e se ressente profundamente de qualquer crítica feita à sua aparência ou ao seu bom gosto. É forte e valorosa como seus irmãos de signo, mas sempre extraordinariamente feminina. Sabe ser elegante e desejável em todos os momentos, e quando realiza algo procura fazê-lo com a técnica de um homem, mas com a graça de uma mulher, conforme o demonstraram duas leoninas famosas: Annie Oakley, a encantadora Little Missy, — considerada como a maior atiradora americana, que arrebatava as platéias com sua beleza e sua perícia no famoso Wild's West Show, do não menos famoso Búfalo Bill — e Mata Hari, a fascinante espiã, que recebeu das estrelas do Leão toda a sua formosura, seu magnetismo, sua coragem e sua extraordinária inteligência.

## Alegria e otimismo

A personalidade do nativo de Leão é muito vibrante e todos os que o rodeiam sentem sua influência; mesmo involuntariamente são obrigados a vibrar com ele porque o leonino os obriga a participar de seus problemas. Extrovertido e comunicativo, o nativo do Leão não sabe rir ou chorar sozinho, a solidão é o seu maior castigo e sempre tem que ter um participante de suas emoções e sensações.

O riso, no leonino, é freqüente e sincero, ao passo que o pranto é raro e é sempre motivado por causas profundas; ele não é como os aquarianos ou os capricornianos, que não traduzem a dor pelas lágrimas mas, sim, pelo silêncio, ou como os cancerianos ou os piscianos, que choram tão abundantemente na alegria quanto na dor. As lágrimas leoninas são raras, mas sempre justas e não se prolongam desnecessariamente. O Sol, ao dominar sobre este signo, parece iluminar interiormente os seus nativos, que são entusiastas, joviais e otimistas, fogem ao sombrio e ao amargo e procuram sempre a luz e a alegria.

Os leoninos não envelhecem espiritualmente e a passagem dos anos não consegue modificar sua natureza íntima. Amadurecem, mas não se tornam sisudos, austero ou amargos e caminham pela vida sempre dotados dessa maravilhosa faculdade de rir e alegrar-se com todas as coisas. Esbanjam entusiasticamente não só o seu dinheiro como, também, o seu inesgotável otimismo, fazendo com que todos os que os rodeiam fiquem mais felizes.

## A casa da fortuna

Ocupando o quinto setor do zodíaco fixo, o signo de Leão é a Casa da sorte, dos prazeres, da alegria, da fortuna e da arte. É, também, o setor que determina os filhos, espirituais ou materiais, isto é, tanto os nascidos de um casamento como as criações intelectuais ou artísticas.

O leonino nasce com uma boa estrela pendurada à cabeceira do seu berço. As condições cósmicas de seu signo lhe dão coragem, otimismo, inteligência e extrema simpatia pessoal, que funciona como chave de ouro, abrindo-lhe todas as portas. O Sol parece proporcionar ao Leão a faculdade de refletir muitas das qualidades de outros signos; assim, o leonino pode ser dominador e entusiasta como o nativo de Áries, mas tempera seu ardor com a reflexão; tem o mesmo sentido hierárquico e classificador do sagitariano, mas suaviza-o com sua generosidade; pode ser perfeccionista como o aquariano, mas enquanto este procura a evolução por meio da transformação, o leonino aperfeiçoa a essência sem modificar na estrutura; pode ser sensível e espiritualizado como o nativo de Libra, emotivo e sensual como o taurino e ágil e eclético como o nativo de Gêmeos. É firme em suas convicções, dogmático em sua ética, é rígido em seus conceitos, mas humano e generoso em seu comportamento. Quando pertence à privilegiada classe dos mais evoluídos, ele é um dos melhores tipos astrológicos, tanto na parte moral como na mental e espiritual.

Leão é, portanto, um signo de excepcionais qualidades; sabendo aproveitá-las os seus nativos conseguirão fácil sucesso e fortuna próspera. Até mesmo os tipos inferiores, embora degradem as soberanas vibrações do Leão, nunca demonstram as desagradáveis características induzidas por outros signos, que conduzem à crueldade, à falta de afeto e à destruição. Os leoninos medíocres, ou de personalidade mais débil, a despeito de sua vaidade e orgulho, geralmente possuem uma razoável dose de bons sentimentos e são estimados a despeito de seus defeitos.

## Sociabilidade

Até mesmo os leoninos mais evoluídos são atraídos por tudo o que possui uma aparência bela e perfeita, por tudo o que parece ter vida própria e por todas as coisas que refulgem e cintilam. Amam o ouro, as pedras preciosas, os metais nobres, os reflexos cromáticos dos cristais, o brilho do sol numa parede, o jogo de sombras coloridas e luzes ardentes numa obra de arte ou a luminosidade e a escuridão transmutadas em sons, numa peça musical.

Por seu jogo de luzes e sombras interiores, a criatura humana também sempre fascina o leonino; se o amor às coisas belas o leva a lutar para construir uma vida abastada que lhe permita amealhar tesouros artísticos, o interesse pelo seu semelhante faz com que ele seja um dos tipos astrológicos que mais gosta de fazer amigos, de rodear-se de pessoas notáveis ou notórias e de procurar sempre a convívio social, não sendo às vezes muito prudente na escolha dos ambientes e das pessoas.

Há certa classe de nativos do Leão composta de indivíduos muito exclusivistas e exigentes, que não dão e não permitem intimidade com qualquer criatura estranha ao seu meio ou que não lhe seja superior. O leonino comum, porém, é aquele que não costuma fazer diferenças sociais, pois está sempre mais interessado no indivíduo do que em sua árvore genealógica ou em sua conta bancária. Assim como admira as obras de arte, também aprecia os valores morais e intelectuais e está sempre descobrindo, incentivando e divulgando novos talentos. Para ele, qualquer pintor ou qualquer musicista pode desabrochar num artista genial. Com sua espontaneidade e entusiasmo, raramente descobre, à primeira vista, os tipos negativos. Com seu excessivo otimismo sempre julga que todas as pessoas são boas e talentosas. Encara todos os acontecimentos também pelo seu lado melhor e, por essa razão, pode ter muitos aborrecimentos, prejuízos e desilusões.

## Honestidade e confiança

O leonino superior tem a majestade, a força e a serena confiança do animal que serve de símbolo ao seu signo. Todavia, o infinito desdém com que um leão contempla seus atemorizados súditos não corresponde à atitude dos leoninos em relação aos seus semelhantes; eles são positivos, dominadores e enérgicos, mas não gostam de amedrontar ninguém e embora o respeito e a admiração sejam de seu agrado, nunca procuram ser temidos ou execrados.

Leão é um signo que proporciona extrema honestidade e retidão aos seus nativos. Tudo o que é sombrio ou tortuoso repugna ao leonino. Não sabe mentir, enganar, fraudar ou prejudicar e seu caráter tem a transparência de um diamante. Não esconde suas antipatias, mas também não hostiliza ninguém. É sincero e direto em suas atitudes, não admite subterfúgios ou sofismas e, para ele, a verdade anda sempre nua. Pode calar-se para não ofender, mas se alguém pede sua opinião costuma dá-la sem reservas, seja favorável ou desfavorável. Por sua natural boa vontade em julgar todas as criaturas pelo lado melhor, freqüentemente é enganado, mas nem por isso perde a fé no gênero humano.

Assim como o leão reconhece a força que tem, o leonino também tem extrema consciência de si mesmo. Possui a justa medida do seu próprio valor e sempre procura o justo valor nos seus semelhantes. Ninguém lhe parece superior ou inferior, nenhum objetivo se lhe afigura desprezível ou demasiadamente difícil e sua atitude mental é extraordinariamente positiva, pois é a de quem se considera apto para qualquer batalha e digno de qualquer vitória.

## A generosidade do leão

Um leão nunca ataca pelo simples prazer de matar e até em suas caçadas sabe ser prudente e cauteloso. O leonino age da mesma forma; voluntariamente, nunca prejudica seus semelhantes; apesar de sua coragem e entusiasmo, controla sempre os próprios impulsos pela razão. Tudo isto faz dele um adversário honesto, generoso e bastante perigoso também, pois quando se lança a uma batalha qualquer toma sempre todas as medidas capazes de assegurar-lhe a vitória, e nada deixa ao acaso.

A franqueza, a justiça e o amor à verdade também são qualidades deste signo e quem nasce sob sua influência sabe castigar com moderação e premiar com liberalidade. O leonino despreza a passividade, mas é extremamente cordial, amável e afetuoso. Se, porém, tentamos dominá-lo, reage imediatamente, às vezes de modo gentil, às vezes com violência feroz. Por todas as suas qualidades é sempre bem recebido em todos os lugares, tanto nos mais ricos como nos mais humildes. Procura sempre a companhia humana e geralmente tem muita sorte com seus amigos, que são sinceros e leais. Sabe também retribuir em igual medida e sua amizade não tem limites ou reservas e nem conhece preconceitos sociais, financeiros ou raciais; ele é como o Sol, que ilumina e aquece, indistintamente, todas as raças, ricos e pobres, ignorantes e sábios.

A despeito dessa natureza cordial e generosa, os leoninos são independentes e rebeldes, mostrando-se às vezes despóticos e autoritários, e assim como ajudam e apóiam, também costumam exigir obediência e submissão. Como acontece com os nativos dos signos de fogo, sempre possuem capacidade para organizar, comandar e dirigir e não admitem falhas naqueles que trabalham sob suas ordens; aqui, mais uma vez, sua natureza generosa se evidencia, pois eles sabem mandar sem humilhar e por isso são sempre respeitados e queridos.

Sob os influxos do Leão nasceram artistas notáveis como Debussy, poetas como Shelley, escritores como os Dumas, pai e filho, filósofos como Max Nordau, atores como Ethel Barrymore, místicos como São Francisco de Sales, líderes como Bolívar e Solano Lopez. Nasceram, também, os tipos débeis que passaram pela vida apenas desfrutando as coisas boas que ela oferece e os imprudentes que acabam se queimando no fogo das suas próprias paixões.

Representando a negativação dos raios do Leão, encontramos os tipos que parecem não possuir espinha dorsal, pois estão sempre prontos para dobrar-se às ordens ou desejos dos outros, apenas para conseguir algum dinheiro ou algum prestígio. Muito raramente as estrelas de Leão presidem ao nascimento de um leonino como Benito Mussolini, positivo nos ideais, mas negativo nas atitudes, que foi manejado e conduzido, como um leão de circo, pelo ariano Adolf Hitler, o mais legítimo representante dos agressivos raios inferiores do vibrante signo de Áries.

## Síntese

A chama divina dos signos de fogo, que tudo purifica e aperfeiçoa, sublima-se em Leão, torna-se generosa como o próprio Sol, que ilumina a todos sem distinguir uns e outros. O leonino sempre têm algo para dividir com os outros. Sua consciência é límpida como cristal, através do qual a luz se reflete sem distorções. Detestando a sombra, a mentira, a mesquinharia e a covardia, ele aspira viver livre como um pássaro, despreocupado como uma criança e soberano como o leão que serve de símbolo ao seu signo.

Leão, no horóscopo fixo, determina a descendência, a fortuna, a sorte e a alegria. O leonino jamais se conforma em viver modestamente, mas não usa meios escusos para poder elevar-se. Na verdade, não precisa deles, pois tem todas as qualidades necessárias para alcançar o prestígio e o conforto que o Leão oferece a seus nativos. Com muita freqüência é conduzido pelas aparências, pois a generosidade é a palavra-chave deste signo e o leonino sempre acredita na bondade e na honestidade de seus semelhantes. Talvez uma das maiores debilidades deste signo, tão cheio de boas qualidades, seja a de confundir o brilho vulgar do vidro e do latão com a nobreza do cristal e do ouro puro.

# O DESTINO

Antes mesmo do seu nascimento o homem já começa a se integrar no concerto cósmico universal. Seus primeiros sete meses, três na condição embrionária e quatro na condição fetal, são as sete etapas formativas, no fim das quais está apto para nascer e sobreviver. Os dois últimos meses são dispensáveis, mas a Natureza, mãe amorosa e cautelosa, os exige e só os dispensa em casos extremos, pois a criaturinha que vai nascer necessita fortalecer-se e preparar-se para a grande luta que se iniciará no momento em que ela aspirar o primeiro hausto de ar vivificante.

Durante os nove meses de permanência no útero materno, de nove a dez signos evoluem no zodíaco celeste. De modo indireto, suas induções são registradas pelo sensível receptor que é o indivíduo que repousa, submerso, na água cálida que enche a placenta. É por essa razão que observamos, em tantas pessoas, detalhes de comportamento que não correspondem às determinações do seu signo natal; isso indica que elas possuem mente flexível e sensível e que estão aptas a se dedica-rem a múltiplas atividades.

Ao nascer, a criatura recebe a marca das estrelas que dominarão o seu céu astrológico e que determinarão seu caráter, seu temperamento e seu tipo físico, além de dar-lhe um roteiro básico de vida. As vibrações percebidas durante a permanência no útero, por uma sutil quími-ca de natureza cósmica, são filtradas e quase totalmen-te adaptadas às irradiações das estrelas dominantes. As influências familiares e a posição social ou financeira dos progenitores nunca modificarão o indivíduo; apenas poderão facilitar ou restringir os meios que ele terá para objetivar sua personalidade e realizar, de modo positivo ou negativo, as induções do seu signo natal.

Alguém, portanto, nascido entre 22 de julho e 22 de agosto, que provenha de família de princípios rígi-dos ou relaxados, que venha à luz numa suntuosa ma-ternidade ou no canto de um casebre humilde, que seja criado com carinho ou seja desprezado pelos seus, será sempre um leonino e terá o destino que o Leão promete a seus nativos. Este destino será brilhante ou apagado, benéfico ou maléfico, de acordo com a qualidade e o grau de evolução de cada um.

## Evolução material

O leonino, como já dissemos anteriormente, cresce, amadurece, mas não envelhece espiritualmente e nem se torna amargurado ou cético. Embora vá adquirindo experiência e se tornando mais prudente, seu espírito permanece sempre iluminado pela mesma esperança e pelo mesmo entusiasmo da juventude e durante toda a sua vida ele é impelido pelo vibrante desejo de compartilhar de todas as coisas e de saborear todas as emoções.

O signo do Leão dá inúmeras oportunidades para a realização social e financeira de seus nativos. Dá-lhes, também inteligência e capacidade de ação. Dependerá, portanto do próprio leonino, o maior ou menor sucesso que possa ter em sua existência, pois as estrelas de Leão são extraordinariamente benéficas e a sorte sempre ajuda os que nascem sob sua influência.

Nos primeiros anos da juventude a fortuna não será muito firme, por culpa do próprio leonino, que costuma tornar-se independente antes de estar suficientemente amadurecido e comete, com freqüência, imprudências que lhe entravam o progresso. Às vezes também é prejudicado pelo desejo de procurar sempre coisas melhores e maiores; em lugar de fixar-se num emprego ou numa atividade modesta, para depois subir gradualmente, ele logo procura posições de maior destaque e nem sempre consegue realizar seu intento.

À medida, porém, que os anos forem passando, a prudência tomará o lugar da irreflexão e o nativo deste signo começará então a construir um futuro sólido. Na verdade, para o leonino, somente os primeiros passos serão os mais difíceis; depois que encontrar seu real objetivo, tudo se desenvolverá sem grandes lutas e ele não tem dificuldade para realizar seus desejos, mesmo os mais audaciosos.

As propriedades, casas ou terrenos, trarão muita sorte para os nativos do Leão, especialmente os que adquirir após seu casamento. Os leoninos terão suas mais brilhantes oportunidades depois dos quarenta anos, quando começará, realmente, a época áurea de sua vida, onde tudo o que tiverem semeado dará frutos abundantes. Apesar de ser a época áurea esta será, também, a mais perigosa, pois, tendo adquirido demasiada confiança em sua boa estrela, os leoninos esquecerão um pouco a prudência e se lançarão em negócios de vulto, que nem sempre terão sucesso.

Muitos nativos de Leão, como costuma acontecer com nativos dos signos de fogo, desgastam-se muito cedo, tanto física como mentalmente, em virtude do modo intenso como vivem, trabalham e se divertem. É sempre aconselhável levar uma existência calma e fazer tudo com moderação, pois de nada valerá construir um futuro brilhante para não poder aproveitá-lo depois.

## Família

A família só tem importância na vida dos leoninos até o momento em que eles começam a lutar por sua independência; como são naturalmente auto-suficientes não se sujeitam muito aos seus parentes e sempre preferem seguir as próprias inclinações, havendo possibilidade de antagonismo entre eles e um dos seus progenitores, que terá um temperamento dominador e intransigente.

Por motivo de morte, doença ou abandono do pai ou da mãe, o leonino também poderá ser criado em casa estranha. Se um dos seus progenitores tiver um segundo casamento ou união, o nativo de Leão seguramente não se harmonizará com o padrasto ou madrasta, cujo temperamento será completamente oposto ao seu.

Algumas questões, por heranças ou propriedades, farão surgir desentendimentos entre os leoninos e seus parentes mais próximos. Um acontecimento misterioso, relacionado com algum irmão ou com um dos genitores, que poderá abandonar a família, será causa de preocupações e aborrecimentos para os nativos deste signo que embora independam de seus familiares são sempre muito ciosos de seu bom nome e reputação.

Os irmãos também poderão ser causa de alegria como de aborrecimentos. Seu temperamento, bem diferente daquele que possuem os que nascem neste signo, dificulta as relações harmoniosas entre eles. De qualquer modo, o leonino será sempre mais apegado aos filhos e ao cônjuge do que, propriamente, aos seus outros parentes, não deixando, no entanto, de amá-los, respeitá-los e auxiliá-los nos momentos difíceis.

## Amor

O signo do Leão promete muitos namoros, muitas aventuras e muitos aborrecimentos e alegrias no amor, o que, naturalmente, não se aplica a todos os nativos deste signo, mas serve quase como regra geral.

Embora escolham muito, nem sempre os leoninos acabam optando pela criatura certa; devem agir com prudência ao selecionar a pessoa com quem vão unir seu destino, pois o casamento tanto lhes poderá trazer muita felicidade, alegria e prosperidade como muitas mágoas e aborrecimentos.

Os leoninos possuem poderoso magnetismo e geralmente exercem forte atração sobre o sexo oposto; o inverso também acontece e eles sentem muito prazer na companhia de criaturas de sexo diferente do seu. Muitas vezes, mesmo sem causa justa, suas intenções serão mal-interpretadas ou suas atitudes darão margem a dúvidas e isto poderá causar serias perturbações em sua vida doméstica. Intrigas e calunias de servidores, inferiores ou falsos amigos também serão causa de brigas e questões. Por outro lado, o cônjuge também poderá ter um temperamento estranho e insociável, opondo-se à alegre e movimentada vida que é tão do gosto do leonino.

Quase todas as discussões, todavia, serão motivadas por assuntos amorosos, ciúmes, desconfianças e intrigas. Quando o leonino tiver como cônjuge alguém de forte personalidade, muita teimosia e rebeldia, o matrimônio poderá acabar em separação, o que causará grande mágoa ao nativo deste signo, que sofrerá por ver-se separado dos filhos, sendo aconselhável, portanto, prudência de ambas as partes.

## Filhos

O destino promete, aos leoninos, filhos inteligentes, atraentes e sensíveis. Alguns deles poderão demonstrar notáveis qualidades e alcançarão altas posições na política, no clero, no governo, nas classes armadas, nas atividades intelectuais ou na arte, pois a boa estrela que ilumina os nativos de Leão também traz sorte e fortuna aos seus filhos.

Um deles trará alguma preocupação nos primeiros meses ou anos de sua vida, mas depois a saúde se estabilizará. Leão pode proporcionar filhos gêmeos, provavelmente de sexos diferentes, e também promete, para as mulheres que nascem sob suas estrelas, alguns partos difíceis, especialmente o do primogênito. Uma das crianças também poderá ficar com uma pequena marca ou cicatriz, proveniente de uma queda ou acidente ocorrido nos primeiros anos.

Os leoninos, porém, não terão maiores preocupações pois seus filhos crescerão fortes e sadios, e serão motivo de orgulho e prazer.

## Posição social

Os nativos do Leão, quando positivos, são bastante ambiciosos e sempre lutam para alcançar uma posição social melhor do que a que conheceram em sua infância. A sorte freqüentemente os ajuda nessa empresa e eles conseguem penetrar nos ambientes mais cultos e refinados onde, por sua instintiva delicadeza, sabem mover-se com dignidade, mesmo que tenham nascido em lares bem modestos.

O signo de Leão promete uma vida social movimentada, intensa e agradável. Por sua natureza dinâmica e entusiasta, sempre disposta ao prazer e ao convívio com seus semelhantes, os leoninos gostam de comparecer a jantares, festas e reuniões de toda a espécie, e retribuí-los. Detestando a solidão e o silêncio, sentem-se felizes quando estão rodeados de amigos, entre risos, luzes e alegria. Como são requintados, embora raramente recusem os convites para comparecer a ambientes humildes, dão sempre preferência ao luxo, aos cristais, às pratarias, a boa música e as conversas elevadas; por essa razão procuram sempre as altas camadas sociais, pois é lá que lhes agrada viver e é lá que se sentem mais à vontade. Os leoninos inferiores também procuram as altas camadas sociais, onde parasitam à sombra dos mais poderosos, adulando, intrigando, levando segredinhos ou funcionando como alcoviteiros ou garotos de recados.

A posição social dos leoninos, assim como sua estabilidade matrimonial, poderá sofrer abalos devido a ataques covardes e traiçoeiros, de inimigos ocultos e falsos amigos. Os nativos do Leão devem sempre procurar a companhia de pessoas de nível social mais elevado e qualidade moral igual ou superior à sua, pois os inferiores sempre causarão danos graves à sua felicidade. Como são de muito boa-fé, freqüentemente se associam a elementos negativos, pseudo-artistas ou intelectuais que sempre trarão muitos prejuízos e aborrecimentos.

## Finanças

O Leão marca seus nativos com o selo da independência e da auto-suficiência. Os leoninos, mesmo aqueles que já nascem com uma conta bancária, gostam de lutar e multiplicar seu capital porque sentem a necessidade de provar, a si mesmos e aos outros, que nasceram para realizar e construir e nunca para viver à custa de terceiros.

Toda a mente humana, mesmo a mais rudimentar, está sempre cheia de sonhos e projetos; nas criaturas mais passivas ou primitivas, estes sonhos se relacionam apenas com o alimento, o abrigo e o desejo sexual, ou seja, com a satisfação das necessidades naturais para a sobrevivência e multiplicação da espécie. À medida que a criatura evolui, evoluem também seus sonhos; nos tipos negativos eles nunca passam da esfera imaginativa, mas os tipos positivos transportam essas imagens para o campo objetivo e lutam para estruturá-la e concretizá-las.

As pessoas de ritmo impulsivo ou mutável às vezes falham na realização de suas aspirações, mas as de ritmo estável como as que nascem em Touro, Leão, Escorpião e Aquário, os quatro signos que formam a Cruz do Mundo, sempre acabam conseguindo materializar todas as suas idéias e pensamentos, pois sua vontade é inabalável e sua persistência não tem limites.

As estrelas de Leão são muito benéficas e os leoninos farão fortuna com facilidade e obterão tudo aquilo que desejarem, desde que sejam positivos e não desmintam as características combativas que seu signo lhes proporciona. Dotado de grande senso pratico e lutador por excelência, a despeito de suas tendências comodistas e refinadas, o nativo de Leão sempre procurará multiplicar seu dinheiro, mais pelo prazer da competição e pela satisfação de poder adquirir todas as coisas que ama do que pela usura ou pela cobiça.

Acontece, porém, que o Leão também se inclina ao jogo, aos prazeres e a liberalidade excessiva. O leonino é sempre tentado a apostar nos jogos de azar e também a realizar ações arriscadas no campo comercial. É ainda impelido a gastar excessivamente em suas roupas e em seus divertimentos e muitas vezes é demasiadamente generoso com o sexo oposto. A inclinação para o luxo, e a aquisição de jóias, objetos de arte, belas propriedades e coisas semelhantes poderá fazer com que a situação financeira dos leoninos, mesmo os de fortuna considerável, seja sempre objeto de preocupações. É aconselhável ter prudência e nunca agir como se a vida fosse terminar no momento em que o Sol se esconde ou surge no horizonte, como é muito do hábito do nativo de Leão.

Outro assunto que poderá trazer prejuízos financeiros é o que se refere aos processos e questões legais, que nunca serão favoráveis aos leoninos: as questões devem ser resolvidas amistosamente, pois todas as situações que possam, direta ou indiretamente, conduzir os nativos deste signo à presença de juízes ou advogados, trarão mais dano do que proveito. Há, também risco de perdas por associações com elementos negativos e por complicações com pessoas do sexo oposto. Heranças ou legados poderão trazer grande fortuna, mas os leoninos terão que lutar para recebê-los.

## Saúde

O signo de Leão proporciona extraordinária vitalidade. Os leoninos sempre têm boa saúde e são raros aqueles que padecem de enfermidades crônicas ou que ficam acamados por muito tempo. Suas doenças são sempre súbitas e seu restabelecimento é rápido. Em virtude, todavia, do seu intenso modo de viver, os nativos de Leão poderão encurtar a duração de sua existência e, se não houver cuidado, o coração será o primeiro órgão a ser afetado.

O signo de Leão e seu regente, o Sol, dominam sobre o coração, as costas, a espinha dorsal, a aorta, o diafragma, a veia cava superior e inferior, o cérebro, as artérias e os glóbulos do sangue. Os leoninos que não tiverem cuidado com sua saúde poderão sofrer ataques cardíacos fulminantes, embolias, angina do peito, ataxia locomotora, edemas, derrames, etc. Poderão, ainda, padecer de vários males circulatórios ou afecções na espinha e também, como legítimos filhos do fogo, estarão sujeitos a febres violentas, malignas ou contagiosas, das quais se recuperarão muito bem, graças ao poder vital do seu signo e do Sol.

Certas estrelas, enviando seus raios maléficos, poderão provocar ferimentos graves por fogo, quedas, acidentes ou brigas por causas passionais; naturalmente a maioria dos leoninos está livre destes presságios, mas sempre é bom ter cautela ao dirigir um automóvel, ao descer uma escada ou ao resolver alguma complicação amorosa. Por abuso nos prazeres, que debilitarão o organismo e quebrarão a maravilhosa resistência que este signo proporciona, os nativos de Leão poderão ficar paralíticos devido a derrames, infecções, arteriosclerose ou qualquer motivo semelhante. Como o cérebro está sob regência solar, uma vida demasiadamente intensa poderá provocar sérias perturbações. O lado direito do corpo dos leoninos será sempre a sua parte mais saudável ou a mais atacada, pois está sob o domínio do Sol, enquanto o lado esquerdo é regido pela Lua. Os iogues sabem conservar a saúde respirando com a narina esquerda, lunar, durante o dia e com a narina direita, solar, durante a noite; por este processo equilibram maravilhosamente a corrente cósmica e vitalizante que penetra no corpo através da respiração.

Moderação nos prazeres, domínio das emoções, vida tranqüila, sem o pródigo esbanjamento de energias, muitos passeios ao ar livre e alimentação adequada, que evite a gordura excessiva e a conseqüente sobrecarga no coração e no sangue, são os melhores meios para que o leonino possa viver muito e sempre com plena posse de suas energias físicas e mentais. O Sol também influencia a nutrição e a fixação de vitaminas no organismo e os passeios diurnos são indispensáveis à saúde. A vitalidade dos leoninos é sempre mais baixa à noite e por isso será bom evitar os excessos noturnos e as longas noitadas que causarão grandes desgastes de energias.

## Amigos

Os leoninos nascem mais para ajudar do que para receber ajuda, e sempre vivem cercados por pessoas que querem mais o seu auxílio do que a sua amizade. Em compensação, porém, também terão companheiros sinceros, leais e honestos, que admirarão sua brilhante personalidade e nunca procurarão tirar proveito de sua bolsa sempre generosamente escancarada.

Terão muitos amigos interessados na arte, na literatura, na política, na ciência ou no jornalismo e estarão sempre envolvidos nesses assuntos, aliás, com grande prazer, pois o leonino é sempre um cultor da inteligência e da sensibilidade. Aquele a quem o nativo deste signo se ligar por laços fraternos, será considerado, por ele, mais como um irmão do que como um amigo, com quem terá prazer em compartilhar sua mesa, suas roupas e seu dinheiro. Às vezes isso poderá trazer muitos aborrecimentos e desilusões, porque o leonino é quase sempre mau psicólogo; seu otimismo e sua boa vontade o tornam cego aos defeitos dos outros e quando os percebe já é muito tarde.

Todo o cuidado é pouco, portanto, na escolha dos que irão partilhar da intimidade e conhecer os segredos dos nativos do Leão, pois quando se tratar de elementos inferiores poderão trazer bastante prejuízo, moral e financeiro, influindo até em sua felicidade matrimonial e em sua saúde.

## Inimigos

Na vida dos leoninos, os falsos amigos serão os mais perigosos agentes de perturbação; usando e abusando da confiança com que serão distinguidos; estes adversários disfarçados invejarão e odiarão sua brilhante personalidade, seu magnetismo, seu sucesso e procurarão sabotar e macular sua vida e sua reputação.

O nativo de Leão é honesto, não guarda rancores, nunca ataca pelas costas e jamais ofende ou humilha de modo deliberado. Seus adversários, porém, serão de natureza diferente; não tendo coragem para atacar abertamente, eles sempre procurarão agir às ocultas. Os pontos mais atacados por esses adversários, que se escondem covardemente nas sombras, serão sempre a moral e a vida amorosa ou matrimonial do leonino.

Alguns parentes de sangue, seja por inveja, por intrigas ou por questões relacionadas com heranças, legados ou segredos de família, também poderão transformar-se em inimigos que, igualmente, atacarão usando os mesmos métodos traiçoeiros.

## Viagens

O destino dos leoninos promete várias viagens; todavia, elas serão determinadas por motivos profissionais ou comerciais e só serão por prazer quando os nativos deste signo alcançarem uma situação financeira bastante próspera. A família poderá impedir que o leonino faça muitas viagens, principalmente as de longa duração, pois a despeito de sua natureza independente ele é muito consciente das próprias responsabilidades.

Todos os nativos do Leão sentem prazer em conhecer novos lugares e novas pessoas e os passeios e viagens estão na lista das coisas sempre desejadas por eles. Nesses deslocamentos os leoninos travarão conhecimento com pessoas que poderão trazer muito proveito. Correm, porém, o risco de, numa delas, sofrerem algum acidente ou enfermidade que poderá causar ferimentos ou sofrimentos na cabeça ou no lado direito do corpo.

As viagens muito longas não são favoráveis aos nativos de Leão; por deixarem seus negócios nas mãos de terceiros poderão sofrer prejuízos e correrão o risco de ataques ou calúnias durante sua ausência. Num de seus deslocamentos também estarão sujeitos a graves prejuízos financeiros, por imprudência no jogo ou por mau negócio. Viajando por conta do governo ou a convite de personalidades importantes, os nativos de Leão poderão conseguir excepcional sucesso e fortuna.

## Profissões

Tanto nas profissões mais modestas favorecidas por este signo como nas mais importantes, o leonino sempre deverá trabalhar onde lhe seja possível dirigir e organizar. De outro modo, será preferível que exerça alguma atividade por conta própria, pois não terá muito êxito naquelas que desempenhar sob o comando de outras pessoas. Sua personalidade independente, que não se subordina à vontade alheia, revoltar-se-á contra qualquer situação de inferioridade, só se conformando em trabalhar sob as ordens de alguém quando for considerado como um colaborador e não como um subalterno ou inferior.

Leão sempre dá, aos seus nativos, muita sorte nos postos de grande responsabilidade, onde eles tenham oportunidade de comandar e onde tenham liberdade de ação. Os leoninos possuem muito sentido de conjunto e geralmente conseguem dinamizar e integrar numa só peça desde o mais humilde funcionário até o mais importante chefe, e por essa razão são sempre vitoriosos nos grandes empreendimentos onde tanto é necessário resolver problemas financeiros e comerciais como conciliar interesses humanos.

Os leoninos possuem capacidade para a carreira militar, diplomática ou política. Na Medicina poderão ter muito êxito, tanto na clínica como na direção de hospitais, sanatórios, etc. Podem ser ginastas, massagistas, atletas ou esportistas de sucesso. Como artistas poderão destacar-se na música, no canto, na dança, na escultura, na pintura ou na cerâmica. Como artesãos serão excelentes joalheiros e mestres na arte de fabricar peças artísticas e valiosas. O ouro, as pedras preciosas, as madeiras, os metais nobres e os tecidos ricos exercem atração sobre eles, que terão sucesso excepcional tanto no desenho e estofamento de móveis como em decoração, desenho e manufatura de roupas, jóias, objetos de adorno, etc. Certos nativos de Leão costumam apreciar uma vida cheia de emoções e viagens e, por prazer ou por negócios, podem tornar-se caçadores ou exploradores, aventureiros, contrabandistas ou traficantes de armas e munições.

Algumas das atividades de Marte, regente de Áries, o primeiro signo de fogo, também costumam favorecer os leoninos que poderão ter imenso sucesso na indústria e na engenharia civil, ou militar, principalmente na construção de grandes pontes, grandes edifícios, represas ou açudes, postos de prospecção de petróleo, estradas de ferro ou de rodagem, enfim, tudo o que exija o concurso de máquinas poderosas e o trabalho de muitos operários.

Certas atividades que estão sob a proteção de Júpiter, regente de Sagitário, o terceiro signo de fogo, também são benéficas para os nativos do Leão, que podem ter êxito como professores, sociólogos, economistas, filósofos ou cientistas, e em todas as carreiras onde seja requerida a inteligência que Leão dá com tanta generosidade aos seus nativos.

## Síntese

As estrelas de Leão prometem fortuna e poder para todos os que nascem sob seus influxos. O leonino pode ser imensamente feliz e ter uma carreira modesta ou, se quiser, pode aspirar as mais altas posições, embora geralmente nunca tragam a felicidade. Napoleão Bonaparte, Simon Bolívar, Benito Mussolini, Habib Bourguiba, Fidel Castro, Winston Churchill, Oliveira Salazar,

Henry Ford, John Rockfeller, são leoninos que sentiram fortemente o poderoso influxo das estrelas do Leão. Alguns deles nasceram em lares humildes, mas acabaram usando o cetro e a coroa que Leão põe ao alcance dos seus nativos.

Nem todos podem aspirar a caminhos semelhantes, mas a qualquer um que tenha nascido neste signo será sempre proporcionado o maravilhoso dom de ser feliz e de tornar seus semelhantes mais felizes.

# A CRIANÇA DE LEÃO

A criança nascida sob o signo de Leão quase sempre é muito alegre, barulhenta, amorosa e bastante despótica. Nela já se pode entrever a personalidade atraente, magnética, apaixonada e dominadora do leonino que sabe conseguir que todos lhe satisfaçam os desejos e obedeçam à sua vontade, pois tempera seus repentes autoritários com carinhos e sorrisos.

Na infância o nativo de Leão é mais áspero e agressivo do que quando se torna adulto. O pequeno leonino, desde o berço já acredita que é uma espécie de monarca, um solzinho ao redor do qual todos os demais devem gravitar... e, geralmente, gravitam, porque a criança nascida neste signo é extraordinariamente simpática e sabe se fazer querida. Parece, também, ter uma boa estrela porque as coisas ruins não lhe sucedem com muita freqüência, isto é, não leva muitos tombos, não fica repetidamente doente e tudo para ela acontece de modo normal, sem grandes complicações.

O ponto que deve ser mais cuidado na educação das crianças de Leão é justamente esse referente ao desejo de mandar nos demais e de julgar-se a mais importante criatura da casa. Mais tarde, essa tendência, se não for suavizada, terá um sentido cada vez maior e o leonino será uma criatura despótica, orgulhosa e exigente, perdendo muito do seu encanto natural. Deve-se fazer com que a criança desenvolva as generosas qualidades deste signo, o que geralmente se consegue com muita facilidade, pois os pequenos leoninos tem uma mente muito receptora aos bons ensinamentos e aos bons exemplos.

Muitos nativos de Leão demonstram exagerada dose de vaidade e grande inclinação para o luxo e a ostentação. Quando a posição e a fortuna o permitem, o leonino se sente feliz porque pode satisfazer essas tendências, mas quando sua situação é modesta ele se sente humilhado e frustrado por não poder apresentar-se de acordo com seus desejos e inclinações. É na criança que se deve incutir a modéstia e apagar o orgulho para que, mais tarde, ela não venha a sofrer por uma causa que afinal é de bem pouca importância. Deve-se fazer o pequeno leonino sentir orgulho de seus pais, de sua família e de seu bom nome e é útil que se sinta envaidecido por seus progressos na escola ou por todas as coisas boas e bonitas que for capaz de fazer. Transferindo, assim, a vaidade para o campo intelectual ou moral, mais tarde ele se esforçará ao máximo para tornar seu nome famoso e respeitado, em lugar de desejar ser um elegante e irresistível cavalheiro ou uma formosa e fascinante mulher.

A saúde das crianças nascidas neste signo é sempre boa e dificilmente elas darão maiores trabalhos ou preocupações. É indispensável, porém, que tenham uma vida muito sadia e que recebam a maior quantidade possível de Sol, pois seu organismo tem o poder de armazenar a energia solar. Quanto mais ao ar livre elas viverem mais sadias elas serão e menos precisarão de reforços vitamínicos artificiais. As febres violentas poderão atacá-las, mas só terão efeitos perniciosos se sofrerem alguma debilidade congênita, pois normalmente elas se recuperarão prontamente, assim como se restabelecerão prontamente de todas as moléstias que costumam aparecer na primeira infância.

As crianças de Leão possuem delicada sensibilidade e às vezes se sentem acanhadas diante de pessoas estranhas ou se assustam ao se defrontar com situações desconhecidas, mas isso só sucederá nos seus primeiros anos de vida, pois logo se tornarão autoconfiantes e seguras. Desde cedo elas costumam desejar a companhia humana e quase nunca sabem brincar sozinhas. Também desde cedo demonstram cuidado com suas roupas e seus brinquedos; se suas atitudes são agressivas ou destrutivas, isto é, se demonstram rebeldia, danificam suas roupas ou estragam suas bonecas e carrinhos é porque não se sentem felizes. Neste caso devem estar enciumadas ou devem sentir falta de carinho porque se assemelham às plantas delicadas, que necessitam de cuidado e amor para se desenvolverem normalmente.

# O TRIÂNGULO DE FOGO

O elemento fogo manifesta-se em três signos: ÁRIES — LEÃO — SAGITÁRIO: Sua polaridade é masculina, sua vibração é irradiante, poderosa, dinâmica e vital. Sua essência, naturalmente, é única, mas em cada um dos três signos ela sofre grandes modificações, de acordo com as seguintes influências:

- situação zodiacal do signo, como Casa *angular, sucedente* ou *cadente,* na qual se manifestará o agente que impulsiona, que realiza ou que aplica;
- sua correspondência com as leis cósmicas de equilíbrio, em conformidade com as três modalidades de ritmo: *impulso, estabilidade* e *mutabilidade.*

De acordo com a vibração própria de cada signo, é difícil saber se o nativo irá viver e agir norteado por suas emoções, por suas sensações ou por seu raciocínio.

Isto nos é revelado pela palavra-chave de cada signo. Na triplicidade de fogo as palavras-chave são as seguintes: Áries — ATIVIDADE; Leão — GENEROSIDADE; Sagitário — INTELECTUALIDADE. Unindo-se essas palavras às determinações proporcionadas pela colocação do signo dentro do zodíaco e por sua modalidade rítmica podemos, então, definir de modo mais completo o triângulo de fogo:

| Áries | Ação | Atividade |
|---|---|---|
| | Sensação | |
| | Impulso | |
| Leão | Realização | Generosidade |
| | Emoção | |
| | Estabilidade | |
| Sagitário | Aplicação | Intelectualidade |
| | Razão | |
| | Mutabilidade | |

O fogo, como o elemento comum a esses três signos, liga-os intimamente e o leonino, além da influência de Leão e de seu regente, o Sol, recebe, também, as vibrações de Sagitário e Áries e de seus respectivos senhores, Marte e Júpiter. Os nativos de Leão recebem, então, as irradiações destes signos e planetas de acordo com a data do seu nascimento. O Sol domina sobre todo o signo de Leão, mas tem força especial durante os primeiros dez dias dos trinta correspondentes a Leão; Júpiter tem influência participante sobre os dez dias seguintes e Marte colabora na regência dos dez dias finais. Dessa forma, os leoninos se dividem em três tipos distintos, que são os seguintes:

TIPO LEONINO–SOLAR
nascido entre 22 de julho e 2 de agosto

TIPO LEONINO–JUPITERIANO
nascido entre 3 e 12 de agosto

TIPO LEONINO–MARCIANO
nascido entre 13 e 22 de agosto

Em todos os dias que integram o período que vai de 22 de julho a 22 de agosto, a influência do fogo é extremamente poderosa. Durante esse período, Leão é a constelação que se levanta com o Sol, ao amanhecer; oito horas mais tarde Sagitário surge no horizonte e decorrido igual espaço chega à vez do vibrante Áries. Dividindo-se, então, o dia em três períodos iguais, vemos que os três tipos leoninos transformam-se em nove, mediante a combinação da hora e da data do nascimento. Estudando esses nove tipos, as nove faces de Leão, podemos interpretar com mais acerto a generosa e atraente personalidade dos leoninos.

## AS NOVE FACES DE LEÃO

### Tipo Leonino–Solar

Data de nascimento: entre 22 de julho e 2 de agosto

*Qualidades:* generosidade, jovialidade, dignidade
*Vícios:* orgulho, vaidade, materialismo

### Hora natal: entre 6h e 13h59m

Os que nascem neste momento cósmico representam o mais genuíno tipo de Leão, com seu magnetismo irresistível, sua inteligência, suas tendências generosas e humanitárias; estes nativos, quando de vibração inferior, também possuem, em alto grau, todas as debilidades e vícios deste signo e de seu regente. As influências deste período proporcionam extraordinária vitalidade e estes leoninos raramente adoecem. São, geralmente, bondosos, amáveis e um tanto extravagantes. Amam o conforto, o luxo, o prazer e a beleza, em todas as suas manifestações e os males que os perseguem vêm de sua própria imprudência, pois gastam excessivamente não só suas energias como também o seu dinheiro.

Os tipos negativos são muito vaidosos, exigentes, voluntariosos e, para satisfazer seu amor ao luxo e seu desejo de parecerem importantes, não hesitam em usar meios desonestos.

## Hora natal: entre 14h e 21h59m

A personalidade dos que nascem nesse período é tão atraente e simpática quanto a que descrevemos para as oito horas anteriores; estes nativos, porém, são mais prudentes em suas ações, são bastante dominadores e autoritários, mas sabem temperar essas tendências com a generosidade que é própria do signo do Leão. Estes leoninos podem possuir desenvolvida inteligência e uma nobre compreensão dos direitos humanos. São intelectualmente avançados e podem alcançar altas posições no governo, nas finanças, no clero, nas classes armadas, nas letras ou nas artes.

Os tipos inferiores são muito materialistas, glutões, sensuais e comodistas. Alguns são ridiculamente vaidosos e exigem respeito e consideração de todos, pois se julgam mais importantes, mais sábios e mais inteligentes do que o resto da Humanidade.

## Hora natal: entre 22h e 5h59m

Os nativos deste período possuem um magnetismo menos irradiante do que muitos de seus irmãos de signo, mas são dotados de uma personalidade ardente e apaixonada, uma inteligência viva e um temperamento valoroso e impetuoso. Estes leoninos são capazes dos mais difíceis trabalhos, dos mais avançados empreendimentos e jamais sonham em pequena escala, atirando-se somente às tarefas audaciosas; são, todavia, um tanto inconstantes em suas ações e pensamentos, sendo mais dominados pelo entusiasmo do que pela razão.

Os tipos inferiores são como todos os leoninos de vibrações negativas, excessivamente vaidosos e orgulhosos, gostam da ostentação e do luxo e se sentem humilhados quando estão sem dinheiro ou quando alguém não lhes dá a atenção que julgam merecer. São despóticos, exclusivistas e não se importam em magoar os outros, contanto que sua vontade se realize.

### Tipo Leonino–Jupiteriano

## Data de nascimento: entre 3 e 12 de agosto

*Qualidades:* generosidade, intelectualidade, jovialidade
*Vícios:* orgulho, vaidade, sensualidade

## Hora natal: entre 6h e 13h59m

Todos os leoninos, mesmo os mais evoluídos, sentem certa relutância em se submeter a leis ou regras, mas costumam exigir dos outros aquilo que nem sempre praticam; gostam de ditar normas que nunca obedecem, exigem respeito a horários e códigos, mas jamais consultam o relógio quando resolvem fazer algo que é do seu agrado. São simpáticos, humanos, dadivosos, ajudam todos aqueles que têm valor, mas geralmente não admitem que ninguém possa superá-los em algo.

Tais tendências se acentuam nestes leoninos que, embora possuindo as elevadas qualidades proporcionadas por Leão, são bastante egoístas e dominadores. Os tipos inferiores são prepotentes e vaidosos ao extremo e sua natureza é sensual e materialista. Quando recebem as mais positivas vibrações do Leão, os leoninos deste período são altamente sensíveis e inteligentes.

## Hora natal: entre 14h e 21h59m

Os que nascem neste período, a par da irradiante simpatia que Leão sempre dá a seus nativos, possuem, ainda, um sentido ético muito desenvolvido e grande capacidade didática, coordenadora e administrativa; têm qualidades de líder e tanto podem criar e estruturar como dirigir e organizar. São tipos independentes, de vontade poderosa e, embora liberais, gostam de ser obedecidos e respeitados.

Os tipos superiores podem conseguir fama e fortuna nas atividades políticas, educativas, forenses ou religiosas, pois sua inteligência é viva, profunda e eclética. Os tipos inferiores se destacam por seu orgulho e é tão fácil comprá-los com dinheiro e com elogios, pois são vaidosos, mercenários e nem sempre honestos, prestando-se a qualquer coisa para conseguir lucro ou prestígio.

## Hora natal: entre 22h e 5h59m

Neste período nascem os leoninos corajosos e voluntariosos, que gostam das exibições de força, poder ou inteligência. São tipos que estão sempre competindo com alguém ou sempre procurando aperfeiçoar-se em algo. Neste período tanto podem surgir os artistas de criações extremamente vigorosas, como os cirurgiões de alta habilidade e os militares ou aventureiros heróicos.

As vibrações cósmicas aqui existentes são muito impulsivas e determinam muita inconstância. Estes leoninos se apaixonam por suas próprias idéias e se lançam a luta com muito entusiasmo e pouca prudência. Não gostam de conselhos, são independentes e teimosos e freqüentemente se queimam no fogo de suas próprias paixões, pois quando decidem realizar algo desdenham os conselhos e não se importam com as conseqüências. Os tipos inferiores são despóticos, às vezes cruéis e, como todos os tipos negativos de Leão, são sempre muito vaidosos.

## Tipo Leonino–Marciano

### Data de nascimento: entre 13 e 22 de agosto

*Qualidades:* Magnanimidade, jovialidade, coragem
*Vícios:* orgulho, prepotência, falta de afeto

### Hora natal: entre 6h e 13h59m

Neste período encontramos os tipos mais vigorosos deste signo, que juntam às elevadas qualidades de Leão todas as vibrantes induções de Marte, que é o regente do signo de Áries. Essas vibrações dinamizam ainda mais a poderosa natureza leonina e produzem os tipos enérgicos, que sabem conduzir os homens à sua vontade, que podem erguer ou derrubar impérios e que são capazes de construir sua própria fortuna à custa de coragem e audácia; o leonino mais típico deste momento cósmico é Napoleão Bonaparte, nascido em Ajácio, no dia 15 de agosto de 1769.

Os que recebem estes influxos podem lançar-se, sem receios, aos mais audaciosos empreendimentos porque tem todas as qualidades para vencer em curto prazo. Os tipos negativos são violentos e dominadores e para satisfazer sua vaidade e orgulho não hesitam em usar a força e a violência.

## Hora natal: entre 14h e 21h59m

Todos os empreendimentos são fáceis para os que nascem nesse momento cósmico, pois suas vibrações emprestam muita energia, dinamismo e audácia aos seus nativos que, além de grande capacidade para criar, dirigir e organizar ainda têm aquilo que comumente se chama "sorte". Estes leoninos são impulsivos, ardentes e entusiastas, mas também são muito constantes em suas ações e pensamentos, o que sempre lhes dá a faculdade de terminar com êxito todos os seus empreendimentos.

É necessário, porém, que os leoninos nascidos neste período procurem sempre manter uma atitude mental muito positiva, pois as vibrações deste período proporcionam grandes qualidades mas também grande instabilidade íntima, o que os leva às vezes a se sentirem inexplicavelmente deprimidos ou então a perderem o entusiasmo e abandonarem seus projetos sem qualquer razão plausível. Os tipos inferiores são sensuais, materialistas e inafetivos.

## Hora natal: entre 22h e 5h59m

Os leoninos muito ciumentos, exclusivistas e dominadores geralmente nascem neste período, cujos influxos aumentam a independência e a sede de poder que geralmente Leão determina em seus nativos. A inteligência é viva, brilhante e lógica, a capacidade criadora é muito desenvolvida, mas também há excessivo entusiasmo, imprudência e inconstância capazes de acarretar graves prejuízos.

Os que vêm à luz neste momento cósmico são agressivos, orgulhosos, impacientes e ciumentos; quando pertencem ao tipo superior, são dotados de uma poderosa personalidade, capaz de impressionar e atrair as demais criaturas; quando são de vibrações inferiores, reconhecem apenas o direito da força e não dão nenhuma importância aos sentimentos alheios, desejando apenas dominar, seja pela violência, seja pelo suborno.

# LEÃO E O ZODÍACO

*Harmonias e desarmonias no plano das relações de amizade, de amor e de negócios entre os nascidos em Leão e os nascidos em outros signos.*

Nenhum ser humano vive protegido por uma campânula de vidro, livre do contato direto com seus semelhantes. No lar, na convivência com amigos ou no trato dos negócios estamos constantemente agindo em paralelo com inúmeras pessoas; algumas nos agradam porque tem um temperamento igual ao nosso ou porque nossas predileções são idênticas; outras não nos são simpáticas porque representam o oposto do que somos ou do que desejaríamos ser. Devemos aprender a conhecer nossos irmãos zodiacais e a apreciar suas qualidades. Observando-os poderemos, então, saber se aquilo que neles existe e que nos parece ruim, talvez seja melhor do que o que existe em nós. Assim, o que seria motivo para antagonismo passa a atuar como elemento de complementação e aperfeiçoamento.

Dentro da imensidão de estrelas que povoam a galáxia chamada Via Láctea, nosso Sol é um modesto astro de quinta grandeza, que se desloca vertiginosamente rumo a um ponto ignorado do Universo, carregando consigo seus pequeninos planetas com os respectivos satélites; dentro, porém, do conceito igualitário do Criador, esse diminuto Sol e a insignificante Terra, com seus ainda mais insignificantes habitantes, têm uma importância tão grande quanto o incomensurável conjunto de nebulosas e seus bilhões de estrelas.

Somos átomos de pó, comparados com as galáxias e as estrelas, mas cada um de nós é um indivíduo que vive e luta. Para nós, nossos próprios desejos, predileções, antipatias e simpatias têm uma magnitude infinita. Temos de enfrentar problemas dos quais dependem nossa felicidade e sucesso. Para resolvê-los precisamos, quase sempre, entrar em contato com muitas outras pessoas que pertencem a signos diferentes dos nossos.

Amor, amizade e negócios são três ângulos que nos obrigam a convivência com outros tipos astrológicos. Analisando-os, estudaremos o vibrante signo de Leão em relação aos demais setores do zodíaco. Conhecendo as qualidades positivas ou negativas dos nativos de todos os signos, o leonino poderá encontrar a melhor fórmula para uma vivência feliz, harmônica e produtiva.

LEÃO–ÁRIES. Esta associação é mais favorável aos arianos do que aos leoninos. Ao mesclar suas vibrações com o signo de Áries, Leão empresta-lhe um pouco de sua prudência, de sua alegria, de sua generosidade e de seu irresistível magnetismo. Áries, todavia, pouca coisa tem a dar-lhe, a não ser o prazer da convivência com seus nativos, que são ardentes, apaixonados, sinceros e honestos. Vale a pena prevenir que o ariano é bastante autoritário e se o leonino tiver uma vontade débil facilmente acabara sendo dominado por ele.

Sendo filhos do fogo, os nativos de Leão e de Carneiro comungam em vários pontos; são dinâmicos, ativos, ambiciosos e impetuosos e quase nunca possuem pretensões modestas; aspiram sempre as empresas de grande vulto, as realizações de grande impacto e as posições elevadas e prestigiosas. O leonino, todavia, influenciado pelo ritmo fixo de seu signo, é constante e persistente em seus esforços, ao passo que o ariano é muito variável e seu entusiasmo tem a qualidade efêmera de uma fogueira ateada num monte de palha.

A associação entre ambos poderá ser útil, agradável e proveitosa, seja no casamento, na amizade ou nos negócios, desde que o leonino se faça ouvir e tenha seus conselhos atendidos pelo ariano, o que não será muito fácil, pois o nativo de Áries, assim como o nativo de

Leão, não gosta de obedecer a conselhos ou sugestões e nunca cede ou divide o primeiro posto com ninguém.

O ariano está sempre disposto a auxiliar seus semelhantes, mas é orgulhoso e autoritário. Quem necessitar de sua ajuda deve solicitá-la com palavras escolhidas, pois ele gosta de ser respeitado e admirado.

*Amor* — Levando-se em consideração os pontos acima mencionados, as uniões entre arianos e leoninos podem ser muito felizes. A harmonia sempre dependerá da boa vontade dos nativos de Áries, pois os leoninos são quase sempre pacíficos em matéria de assuntos domésticos.

Os que nascem neste signo deverão sempre depositar suas afeições num ariano de vibrações superiores, pois os tipos inferiores do Carneiro, além de ciumentos e exclusivistas, exigem tudo e não dão nada em troca e freqüentemente são inconstantes no amor e indiferentes ao lar e a família. O leonino, portanto, ver-se-á obrigado a suportar uma união sem o calor afetivo que lhe é tão necessário.

Os filhos nascidos de um matrimônio entre nativos destes dois signos serão crianças inteligentes e atraentes, que trarão muita alegria; serão, todavia, muito sensíveis e sofrerão se forem criados num ambiente perturbado.

*Amizade* — Leoninos e arianos amam ardentemente a liberdade; os laços que condenam a uma convivência obrigatória, como nos casamentos ou negócios, são para eles pesados e desagradáveis; por essa razão harmonizam-se muito mais quando são apenas ligados por um sentimento fraterno.

Os nativos de Áries sempre se sentem atraídos pelos inteligentes, refinados e magnéticos leoninos e estes admiram a intensidade volitiva e acional dos ardentes nativos de Carneiro. As relações entre ambos serão agradáveis enquanto não surgirem os inevitáveis choques de personalidade; os dois tipos astrológicos são dominadores e independentes, gostam de liderar em pequena ou grande escala e nenhum dos dois se sujeitará a ser conduzido pelo amigo.

Os leoninos devem evitar os arianos inferiores, pois estes possuem uma natureza rude, materialista e agressiva, e poderão prejudicar não só a evolução espiritual dos nativos deste signo como, também, sua posição social.

*Negócios* — Nas associações comerciais o leonino precisa ter cautela ao lidar com os arianos menos positivos; como são otimistas e generosos e estão sempre dispostos a julgar pelas aparências, poderão ser seriamente prejudicados em seus interesses. Antes de mais nada, devem verificar a qualidade moral do ariano com que vão realizar seus negócios, caso contrário os lucros todos ficarão nas mãos dos filhos do Carneiro e o leonino precisará até de recorrer à justiça para defender os próprios interesses.

Associando-se a elementos positivos, os resultados serão muito favoráveis, tanto no que se refere a fortuna como também ao prestígio que os leoninos adquirirão nesses empreendimentos. É aconselhável, todavia, a mais extrema cautela nos assuntos financeiros; a honestidade do leonino e do ariano raramente pode ser posta em dúvida, mas nenhum dos dois é muito previdente nos gastos e a economia é uma virtude que ambos dificilmente possuem.

LEÃO–TOURO. Leão, a morada do Sol, harmoniza-se com o fecundo e produtivo signo de Touro, regido por Vênus, que nele se apresenta como a Senhora da Natureza cujo domínio está toda vida vegetal e que exerce especial influência sobre a clorofila, esse estranho pigmento verde que, ao receber o influxo do Sol, opera o milagre químico que permite que as plantas vivam, respirem e se alimente.

Leoninos e taurinos possuem grandes pontos de afinidade, principalmente no que diz respeito às realizações materiais: dinheiro, fama, fortuna, prazer, etc. Espiritualmente a afinidade é menor, pois enquanto

Leão torna seus nativos liberais e generosos e lhes dá uma personalidade otimista e confiante, os taurinos possuem fortes tendências conservadoras e acumulativas e sua natureza é desconfiada e cautelosa. No plano material, todavia, como já dissemos, as condições harmônicas são muito pronunciadas e as aproximações entre ambos serão bastante proveitosas e agradáveis.

Os leoninos devem ser muito prudentes ao travar relações com os taurinos de vibrações inferiores, que tanto podem ser excessivamente desconfiados, utilitários e rancorosos, como podem ser materialistas e sensuais ao extremo. Unindo-se a estes elementos, os nativos de Leão estarão sujeitos a alguns aborrecimentos ou poderão ser prejudicados em sua posição ou em seu bom nome.

O taurino é bondoso e sensível. Quem precisar de seu auxílio não terá que esperar muito para ser atendido. Deve-se, porém, ter cuidado com os tipos negativos; estes costumam tirar mais do que dão.

*Amor* — Os casamentos ou uniões entre taurinos e leoninos podem ser muito felizes, pois os taurinos são extremamente afetivos e sempre demonstram grande amor à família e aos filhos. Ambos os tipos astrológicos, todavia, encaram as relações matrimoniais de modo diferente e isto poderá dar motivo a muitos atritos; para os nativos de Leão o casamento é uma complementação perfeita, de corpo e alma, mas nunca uma prisão; os nativos do Touro já são mais absorventes, ciumentos e exclusivistas e não concordarão muito com as tendências independentes dos leoninos.

Os casamentos mais felizes acontecerão quando o nativo de Leão escolher alguém nascido entre 21 e 29 de abril, primeiro decanato do Touro. Os matrimônios onde as discussões serão menos freqüentes, mas a afinidade será bem menor acontecerão quando o leonino se unir ao taurino nascido entre 10 e 20 de maio, período este que sofre a influência de Saturno, que é bastante hostil a Leão e ao seu regente, o Sol.

*Amizade* — Nas relações fraternas, os aspectos harmônicos são bem maiores do que os prometidos pelas associações com finalidades comerciais ou do que os encontrados nos casamentos e uniões amorosas. O leonino é muito expansivo, faz amizade logo à primeira vista e nem sempre é criterioso na escolha de seus companheiros. O taurino é tímido, desconfiado e só dá intimidade àqueles que conseguem captar integralmente sua confiança; uma vez, todavia, que considere alguém como amigo, mostra-se sincero, hospitaleiro e honesto e os leoninos nele encontrarão um companheiro agradável e sempre útil e prestativo.

Os leoninos devem acautelar-se contra os taurinos inferiores, que são sensuais e materialistas. A influência destes tipos poderá ser muito desfavorável aos nativos do Leão, cuja posição social sempre sofrerá os reflexos, positivos ou negativos, de sua conduta. É preciso especial cuidado com os que nascem entre 30 de abril e 9 de maio, pois este decanato do Touro pode produzir criaturas intrigantes e desonestas.

*Negócios* — Nos negócios realizados entre os nativos destes dois signos há promessa de fortuna, lucro e prestígio. Os leoninos possuem grande firmeza de opinião e são capazes de enfrentar, com constância e satisfação, as mais difíceis e árduas tarefas; os taurinos, por sua vez, embora menos entusiastas e ativos que os nativos de Leão, são prudentes, cautelosos e também dotados de enorme capacidade de trabalho. Nestas associações, os leoninos só serão favorecidos se aproveitarem as firmes e profundas vibrações de Touro, pois este signo ocupa, em seu horóscopo, o lugar da Casa da Fortuna.

Nos negócios feitos entre leoninos e taurinos, embora ambos os sócios tenham participações iguais, freqüentemente os nativos de Touro saem com a melhor parte, pois são mais moderados e previdentes. Como o signo do Touro torna seus nativos muito honestos, os leoninos só terão que ter cuidado quando se associarem a alguém nascido entre 30 de abril e 9 de maio, decanato este que produz alguns taurinos bastante espertos.

LEÃO–GÊMEOS. Enquanto Leão é um signo de tendências fixas, Gêmeos é mutável, inquieto, constante e evasivo como o mercúrio, o metal que corresponde ao seu planeta regente. Entre ambos existe grande afinidade, pois o elemento fogo do Leão harmoniza-se com a natureza aérea dos Gêmeos. Entre seus nativos, todavia, os aspectos são menos favoráveis em virtude do que os leoninos gostam de dominar e dificilmente conseguem subjugar os mercuriais geminianos, que são altamente independentes.

O ritmo estável do Leão faz com que seus nativos procurem aperfeiçoar sem destruir ou modificar, que cultivem a beleza sob todos os aspectos e que procurem estabelecer um modo de vida capaz de proporcionar-lhes paz interior e de permitir-lhes usufruir tranqüilamente tudo quanto é bom, belo e agradável. Impelido pelo ritmo mutável de seu signo, o geminiano é bem diferente; quer sempre descobrir a razão de todas as coisas e às vezes age como a criança que quebra seu brinquedo favorito só para ver como ele é "por dentro"; quase sempre é indiferente ao que o rodeia, persegue a riqueza mais para se divertir do que por real interesse; divide sua atenção em mil projetos, entedia-se com tudo o que é estável e sem variações, despreza laços e compromissos, detesta obrigações e não se subordina a ninguém, a não ser por extremo afeto ou por terrível necessidade.

Quem precisar de um geminiano deve esperar um momento favorável, pois ele ora é generoso, ora é indiferente, dependendo do seu estado mental e das circunstancias do momento.

*Amor* — Os leoninos, com sua simpatia e magnetismo, costumam atrair imensamente o sexo oposto. Os geminianos às vezes são ciumentos e exclusivistas e não gostam de dividir o que lhes pertence. Muitas brigas poderão acontecer nos casamentos entre nativos destes dois signos, não só pela razão apontada acima como, também, porque o nativo de Gêmeos costuma ser um crítico impiedoso; ora, o generoso leonino é um dos tipos astrológicos mais suscetíveis a crítica e assim as relações entre ambos poderão tornar-se bastante desagradáveis.

Os matrimônios só serão felizes quando se unirem tipos positivos, onde cada um saiba compreender e perdoar as debilidades do outro. As possibilidades mais favoráveis acontecerão quando o leonino se afeiçoar a alguém nascido entre 30 de maio e 8 de junho; este decanato de Gêmeos recebe a influência participante de Vênus, que torna seus nativos mais amáveis e afetuosos.

*Amizade* — No setor referente às amizades, encontramos os melhores e mais benéficos aspectos observados entre Leão e Gêmeos. No horóscopo fixo, mensal, dos leoninos, o signo de Gêmeos governa a Casa dos

Amigos e entre os geminianos, os nativos de Leão encontrarão os seus melhores camaradas. Por outro lado, os nativos de Gêmeos, apesar de inconstantes e inquietos, sentem sempre a necessidade de encontrar alguém que seja para eles o que Castor foi para Pólux: o companheiro fiel até o sacrifício, o amigo que é mais que um irmão.

Enquanto os leoninos negativos podem conduzir os geminianos de vontade mais débil ao vício da bebida ou às extravagâncias nos prazeres, estes, quando inferiores, podem aproveitar-se da natureza generosa dos nativos de Leão, arrancando-lhes tudo o que puderem, principalmente dinheiro.

*Negócios* — Nas associações comerciais, entre nativos de Leão e Gêmeos, podem ser observados os mesmos pontos que nas funções amorosas ou fraternas. Os geminianos são muito dispersivos, enquanto os leoninos são persistentes e concentrados. Os nativos de Gêmeos não gostam de obedecer, ao passo que os leoninos sempre procuram assumir o posto de liderança; devido a tais oposições, os sócios facilmente se desentenderão.

Tratando-se de tipos positivos, que saibam perdoar as falhas mútuas, esta união poderá trazer muito proveito, pois ambos são inteligentes e sabem conquistar as simpatias de todos os que com eles tratam. Quase sempre, todavia, as associações começarão bem e acabarão mal, principalmente para o leonino, que deve sempre estudar cuidadosamente todos os papéis que tenha de assinar, assim como todos os documentos importantes ou contratos que fizer com geminianos.

LEÃO–CÂNCER. Leão, como já sabemos, é governado pelo Sol, que é o responsável pela existência da vida em nosso planeta. Câncer tem a regência da Lua, que representa a geração e a multiplicação das espécies. Cosmicamente os dois signos e seus respectivos regentes se harmonizam e se complementam muito bem, pois enquanto o Sol envolve a Terra com seu cálido e vital influxo, a Lua, à noite, dá-lhe a frescura e a umidade necessárias, agindo como neutralizador das forças solares que poderiam tornar-se mortais sem sua interferência.

Câncer, todavia, é um signo de água, de natureza frio-úmida, portanto diametralmente oposto a Leão, que é de natureza quente-seca; não devemos esquecer que tudo quanto é seco permeabiliza-se e torna-se vulnerável em contato com a umidade e que a água é a única força capaz de extinguir o fogo.

Materialmente, portanto, os signos de Leão e Câncer opõem-se bastante, não havendo grandes possibilidades de harmonia entre seus nativos. As associações entre eles, quando negativos, serão mais prejudiciais para os leoninos do que para os cancerianos, em virtude de o signo do Caranguejo dominar, no horóscopo fixo dos nativos de Leão, o décimo segundo setor, que é a Casa dos inimigos ocultos, das prisões, dos exílios e confinamentos e de todos os males que podem vir do plano astral.

Os cancerianos são muito fraternos e estão sempre prontos para auxiliar o próximo; pode-se ter a certeza de que tudo farão para atender um pedido, desde que não haja interferência em sua vida particular.

*Amor* — Os cancerianos são amorosos e ciumentos; costumam ser absolutamente fiéis e dedicados e esperam igual retribuição. Casando-se com alguém nascido em Câncer, o leonino poderá não ter uma complementação espiritual perfeita, mas, seguramente, terá um cônjuge fiel e dedicado. O nativo de Caranguejo jamais quebra os laços matrimoniais e prefere refugiar-se em seu mundo interior, cumprindo materialmente seus deveres, mas espiritualmente divorciado do cônjuge. O leonino também não rompe facilmente seus compromissos e assim, mesmo que não se entendam bem, uma vez casados, estes dois tipos astrológicos viverão sempre juntos.

Os casamentos menos felizes acontecerão quando os filhos de Leão se afeiçoarem a alguém nascido entre 14 e 21 de julho, terceiro decanato de Câncer. Embora os cancerianos nascidos entre estes dias sejam muito sensíveis, amáveis e inteligentes, não existirá muita harmonia entre eles e os leoninos.

*Amizade* — Entre leoninos e cancerianos não há muitas possibilidades de amizades íntimas ou muito profundas, a não ser que exista um interesse artístico, científico, ou religioso comum a ambos. Naturalmente sociáveis, expansivos e alegres, os leoninos às vezes não são bem entendidos pelos gentis porém desconfiados nativos de Câncer, principalmente pelos cancerianos nascidos entre 14 e 21 de julho, período este que é governado por Netuno, o psíquico e sensível deus dos abismos marinhos, que é hostil ao Sol, cuja luz não penetra nas sombrias profundidades oceânicas.

Os nativos de Leão, quando estabelecerem relações com alguém nascido sob as estrelas do Caranguejo, devem sempre escolher tipos positivos; seus melhores amigos, quando nascidos em Câncer, caso haja rompimento da amizade por alguma briga, poderão tornar-se seus piores e mais prejudiciais inimigos, que agirão às ocultas e procurarão prejudicá-lo em sua vida doméstica e em sua fortuna.

*Negócios* — Nas relações comerciais, os resultados são variáveis. Associando-se a elementos positivos, o leonino terá, nos cancerianos, colaboradores incansáveis, honestos e sinceros, sempre dispostos a qualquer espécie de trabalho, por mais penoso ou difícil que seja. O nativo de Leão, todavia, não deve tentar se aproveitar do seu sócio, nem se deixar iludir por sua aparente submissão e passividade, pois sob uma aparência calma e pacífica o canceriano esconde uma imensa capacidade de luta.

Entre elementos positivos as associações podem ser imensamente favoráveis. Ligando-se a nativos de Caranguejo, de vibração inferior, os leoninos terão todo tipo de prejuízos. É prudente não esquecer que o canceriano superior é um dos melhores tipos astrológicos, tanto em honestidade como em inteligência e sensibilidade; quando, porém, sua natureza é menos evoluída torna-se uma criatura vingativa, rancorosa e traiçoeira.

LEÃO–LEÃO. As associações entre elementos do mesmo signo podem ser muito harmônicas ou muito hostis, em virtude de que os defeitos e as qualidades são comuns. Quase sempre se pode observar uma perfeita união ou comunhão espiritual entre leoninos; quando, porém, a associação passa para o campo material, objetivo, onde há convivência diária e obrigatória e onde um tem de suportar as vontades e exigências do outro, os choques de personalidade são sempre inevitáveis.

Como todos os nativos de Leão, a despeito de suas grandes qualidades, são dominadores, vaidosos, gostam de elogios e querem ser a figura central e principal, só será possível uma vivência equilibrada quando ambos estabelecerem o seguinte contrato: — nos dias ímpares você manda e nos dias pares mando eu. — Isso é um pouco difícil, logicamente, mas com um pouco de boa vontade as amizades ou uniões entre leoninos trarão grande felicidade, lucro e alegria.

Quando os leoninos se encontram, intensificam-se poderosamente as vibrações solares e é bom nunca esquecer que sol em demasia pode prejudicar e até destruir. Os nativos de Leão, quando têm vibrações inferiores, sentem fortíssima inclinação para todo tipo de excessos, seja no jogo, nos gastos ou nos prazeres. Uma convivência mais assídua ou as uniões ilegais com elementos negativos trarão graves prejuízos aos leoninos de vontade mais débil.

O leonino repele a fraude e a mentira e só os honestos e corretos conseguem sua estima. Se alguém lhe fizer uns elogios, obterá logo o que deseja, porque o leão, muito justo, também é bastante vaidoso.

*Amor* — Nas uniões amorosas e nos casamentos entre leoninos, as possibilidades harmônicas são bastante problemáticas. Como a vida doméstica tem que ser baseada no equilíbrio comum, na boa vontade e na tolerância mútua, os nativos de Leão dificilmente aceitarão essas condições; os casamentos entre os elementos menos evoluídos acabarão fatalmente em separação ou, então, mesmo morando juntos, os cônjuges terão vidas separadas. Complicações com o sexo oposto, intrigas de servidores ou subalternos, assuntos financeiros, imprevidência no gastar e amor excessivo aos prazeres, poderão ser as causas principais da desarmonia ou da separação.

Quando se unem dois elementos positivos, o destino lhes promete uma posição firme e brilhante, uma fortuna grande e sólida, e imensa alegria com os filhos que serão sensíveis e inteligentes e poderão alcançar altas posições e muita riqueza.

*Amizade* — No campo das relações fraternas, sem o compromisso obrigatório dos laços matrimoniais ou comerciais, é que os leoninos melhor convivem. Todos os nativos do signo de Leão gostam de viver de modo exuberante, bebendo à larga da taça repleta do prazer de existir e naturalmente seus melhores companheiros serão seus irmãos de signo.

Os nativos de Leão devem procurar sempre estabelecer relações com outros leoninos positivos, ou bem evoluídos. Seus irmãos negativos são exagerados no prazer, esbanjadores no dinheiro, sensuais no amor e materialistas em seus conceitos, e, queimarão suas próprias energias com desusada violência. Viver é bom, no entanto, matar-se de tanto viver parece um tanto ilógico. Os nativos de Leão também não devem esquecer que certos amigos seus poderão transformar-se em inimigos perigosos, que prejudicarão sua fortuna e reputação, por meio da intriga e da calúnia.

*Negócios* — Os nativos de Leão têm muita sorte para ganhar dinheiro, e a vida, para eles, é sempre um jogo fácil. Seus negócios geralmente se encaminham bem e os obstáculos são transpostos sem dificuldades. No setor das associações, todavia, o signo de Leão pode trazer algumas surpresas desagradáveis; o destino dos leoninos sempre promete maiores vitórias quando eles caminham sozinhos, sem interferências de terceiros.

Os gastos exagerados, a prodigalidade excessiva, a imprevidência no comprar ou na distribuição do dinheiro, as complicações com elementos do outro sexo, e o jogo, serão também motivos capazes de levar a firma a um fracasso financeiro. Intrigas de inimigos ocultos poderão também provocar discórdia entre os dois sócios. A natural tendência para comandar será motivo forte para hostilidades, pois nenhum leonino gosta de se submeter às ordens dos outros, nem mesmo às dos seus irmãos de signo.

LEÃO–VIRGEM. Os nativos de Virgem são lentos, prudentes, inteligentes, concentrados, reservados e são mais calmos nos prazeres, mais frugais nos hábitos e mais profundos em suas emoções, do que os nativos de Leão. Por outro lado, a despeito de conferir valiosas qualidades, Virgem também pode oferecer estranhos tipos; como o mais inocente jovem, após a primeira experiência sexual, pode transformar-se numa criatura erótica, maliciosa e maldosa, assim também o virginiano, ao receber os raios negativos do seu signo, pode ser sensual, cruel, destrutivo, caluniando aquele a quem inveja, manchando e pervertendo o que não pode lhe pertencer e maculando todas as coisas puras e belas.

Interiormente, às vezes Virgem reflete a natureza negativa de seu signo oposto, Peixes, mundo aquático povoado de formas estranhas, como os peixes cegos, cujos olhos se atrofiaram porque viram a luz solar; assim, também os virginianos menos evoluídos estão cheios de desejos escondidos, inibições e recalques, peixes cegos que eles conservam nas profundezas do seu subconsciente. Os leoninos serão felizes quando se associarem a elementos positivos nascidos em Virgem, que têm a profundidade e a concentração proporcionadas pelo elemento terra e a brilhante e eclética inteligência dada por Mercúrio, regente de Virgem. Os tipos negativos, porém, serão altamente prejudiciais aos generosos e sempre descuidados nativos de Leão, que confiam demais nas aparências.

Os virginianos acham que amparar o próximo é um dever moral. Quem precisar de seu auxílio, todavia, deve solicitá-lo sem arrogância, pois Virgem gosta de amparar os fracos, mas não aprecia os orgulhosos.

*Amor* — Para os nativos de Leão, amor e sexo têm uma significação distinta, mas ambos precisam andar juntos para que o leonino se sinta feliz. Para os virginianos uma coisa independe da outra e neste signo tanto podem nascer tipos fanaticamente castos, inimigos do ato sexual, mas ardentes no amor platônico, como tipos sexualmente fanáticos, mas totalmente inafetivos. Ao se afeiçoar a alguém nascido em Virgem, o leonino deve procurar uma criatura superior, para depois não se ver obrigado a suportar um cônjuge pouco conveniente, que poderá obrigá-lo a uma vida íntima insatisfatória ou poderá trazer-lhe aborrecimentos por sua conduta irregular.

Os virginianos positivos são fiéis, amorosos e dedicados. Os tipos menos evoluídos, além dos pontos acima referidos, também são tagarelas, intrigantes e maliciosos; eles gostam da companhia de empregados e inferiores, dão intimidade a qualquer vizinho ou subalterno e vivem levando e trazendo mexericos de toda espécie.

*Amizade* — As relações fraternas entre nativos de Leão e Virgem poderão ser muito harmoniosas, pois os inteligentes virginianos, quando pertencem ao tipo mercurial, são extraordinariamente agradáveis e brilhantes, revelando-se companheiros ideais, sempre prontos para todas as brincadeiras e aventuras. Menos audaciosos e ativos que os leoninos, deixam-se dominar e apreciam a liderança dos nativos de Leão; na verdade, a mente flexível do nativo de Virgem está sempre pronta para aceitar o comando de qualquer elemento mais forte, e sempre os virginianos se sentem atraídos pelos dinâmicos e magnéticos leoninos.

Escolhendo com acerto, o nativo de Leão encontrará bons amigos entre os que nascem no signo de Virgem; escolhendo mal, será muito prejudicado em sua fortuna e em sua reputação, pois, como já dissemos, o virginiano negativo sempre procura aviltar e destruir o que os outros têm de mais valioso e que ele reconhece não possuir em si mesmo.

*Negócios* — Boas associações comerciais podem estabelecer-se entre leoninos e virginianos, que são favorecidos por Mercúrio, regente de Virgem, que sempre traz muita sorte aos seus protegidos. Sob as estrelas de Virgem nascem criaturas inteligentes, analíticas, críticas, laboriosas, esforçadas e criteriosas, possuidoras de grande capacidade comercial e inata habilidade para lidar com o povo. Sabendo escolher o seu sócio, o nativo de Leão terá um excelente elemento de complementação e um excelente conselheiro, pois o sagaz virginiano o fará perceber coisas que, geralmente, cego por sua natureza otimista, só percebe tarde demais, quando tem que pagar os prejuízos.

Os aspectos menos favoráveis para as associações comerciais observam-se quando os leoninos se unem a virginianos nascidos entre 2 e 11 de setembro; este decanato de Virgem recebe a influência participante de Saturno, que é extremamente hostil ao Sol.

LEÃO–LIBRA. Leão é o mais generoso signo de fogo e Libra é o mais sensível signo de ar. Enquanto a natureza de Leão é vital, a de Balança é essencialmente mental e suas vibrações conjugadas trazem grandes benefícios para ambos.

Os nativos de Libra recebem a constante rítmica de seu signo, que é impulsiva. São apaixonados, ardentes e emotivos, mas se exteriorizam de modo mais sereno do que os outros tipos astrológicos de ritmo igual. São temperados pela superior influência de Vênus, que neste signo perde sua qualidade de Deusa agrícola e passional, que junta o imperativo biológico de procriar ao prazer sexual, para transformar-se na inspiradora de emoções sublimes, na bela figura de Têmis, a Justiça que tem em suas mãos a balança, que é o símbolo deste setor zodiacal. Recebendo também os influxos vibrantes de Mercúrio e a elétrica vibração do intelectual Urano, o signo de Libra é a Casa cósmica onde a inteligência mercurial do homem se eleva e procura os superiores planos do espírito. O leonino poderá encontrar, no libriano positivo, aquele que será o companheiro ideal, quer como amigo, como cônjuge ou como associado.

Os librianos inferiores, quando não se inclinam para a sensualidade, a preguiça, o relaxamento moral e a desmedida vaidade, são intrigantes, espertos e estão sempre prontos a fazer qualquer coisa por dinheiro; seguramente saberão aproveitar a generosa bolsa do leonino, que terá grandes prejuízos.

O libriano sabe ser reto em seus julgamentos, e imparcial em suas opiniões e não se deixa comover pelas aparências. Quem precisar de seu auxílio só será atendido se o pedido for muito justo.

*Amor* — Leão e Libra prometem aos seus nativos uma vida amorosa feliz e harmoniosa. Unindo-se dois elementos positivos, existirá entre ambos, além de forte atração física uma perfeita comunhão espiritual, pois o libriano superior é o companheiro perfeito, pronto para compartilhar de todos os sonhos, lutas e aventuras. Ele será a metade certa, que impulsionará o leonino para os grandes empreendimentos ou dele receberá o apoio necessário para realizá-los pessoalmente, se for a caso. Fortuna próspera, prestígio sempre crescente e filhos inteligentes e sadios, serão a resultante da união entre os nativos de Leão e de Balança, naturalmente quando são evoluídos.

Intrigas, cartas anônimas ou calúnias poderão arruinar a felicidade do casal que não souber cercar-se de amigos bem escolhidos. Poderá ocorrer separação amigável ou judicial e tanto os librianos como os leoninos sofrerão muito, pois ambos os tipos astrológicos não conseguem separar-se dos filhos.

*Amizade* — No terreno das amizades, o Leão e a Balança prometem a mesma harmonia que nas uniões amorosas, pois tanto os leoninos como os librianos gostam de aproveitar as coisas agradáveis que a vida pode proporcionar e ambos também gostam de auxiliar e incentivar todos aqueles nos quais existe algo de aproveitável, no sentido artístico ou intelectual.

Os nativos de Balança, quando possuem uma natureza inferior, são ridiculamente vaidosos, apreciam uma vida luxuosa e andam sempre às voltas com complicações amorosas e financeiras. Convivendo com librianos inferiores, o leonino não só terá sua reputação afetada como sofrerá aborrecimentos no lar, pois a família desaprovará essas relações.

São especialmente perigosos os tipos negativos de Libra, nascidos entre 2 e 11 de outubro, segundo decanato de Balança; este período recebe a influência de

Urano, cujos raios negativos são particularmente maléficos.

*Negócios* — Vênus, o regente de Libra, não inclina muito para as atividades comerciais, a não ser as que se relacionam com assuntos artísticos ou intelectuais, as que estão ligadas a jóias, sedas, perfumes, objetos de decoração, antigüidades, etc. Não obstante, como Balança também recebe a influência participante de Mercúrio, os leoninos poderão encontrar, nos librianos, sócios extraordinariamente capacitados para as mais difíceis empresas, especialmente as que se referem a livros, papéis, publicações, etc.

Os nativos de Leão devem ter especial cautela com os nativos inferiores da Balança que, pelas debilidades já citadas, poderão trazer-lhes vários aborrecimentos e prejuízos, não só financeiros como morais. Devem evitar, principalmente, os que nascem entre 12 e 22 de outubro, terceiro decanato de Libra; estes nativos, quando inferiores, são muito hábeis para tratar de negócios, mas são, também, extremamente desonestos.

LEÃO–ESCORPIÃO. Como signo de água, de natureza frio-úmida, Escorpião tem uma vibração bastante oposta a de Leão; como, porém, seu planeta regente é Marte, cuja natureza é ígnea como a do Leão, os escorpianos têm uma personalidade mais semelhante à dos tipos astrológicos pertencentes aos signos de fogo do que aos pacíficos e amáveis nativos dos signos de água.

Embora os leoninos não se harmonizem fundamentalmente com aqueles que nascem em setores zodiacais dominados pela água, têm uma relativa afinidade com os escorpianos, devido às vibrações de Marte, que mantêm relações amigáveis com o Sol. Dizemos relativa porque, enquanto o Sol é um agente cósmico de vitalidade e regeneração, Marte tem uma vibração violenta, agressiva e transformadora. Por essas determinações, embora leoninos e escorpianos possam ter certos pontos de afinidade, substancialmente são bastante antagônicos; enquanto o leonino é generoso, alegre, dadivoso, quer apenas viver feliz, sentir o calor da aprovação alheia, e está sempre pronto a fazer concessões, o escorpiano tem a tendência de modelar tudo e todos segundo seus próprios padrões. É intransigente, dominador e voluntarioso e dificilmente se submete à vontade alheia. É bom saber, todavia, que os tipos superiores do Escorpião dominam bem suas tendências agressivas, são dotados de grande inteligência e possuem elevadas qualidades morais; com estes os leoninos podem conviver muito bem.

O escorpiano é muito sagaz e intuitivo. Quem precisar de sua ajuda deverá falar-lhe com absoluta franqueza; mesmo o pedido não sendo muito justo, o nativo do Escorpião o atenderá, desde que sinta que não está sendo enganado.

*Amor* — Nas uniões e casamentos, a convivência entre leoninos e escorpianos poderá ser muito difícil, embora ambos possam ser unidos por forte afinidade física; a personalidade independente e dominadora dos nativos de Escorpião fatalmente se oporá à natureza igualmente vigorosa dos nativos de Leão, e numa casa onde dois querem mandar e nenhum quer obedecer, nunca existirá muita paz.

No matrimônio com escorpianos, os leoninos poderão encontrar oposição de sua família, o que também dará motivo para ressentimentos; heranças ou legados recebidos por parte do cônjuge também poderão ocasionar desentendimentos. O leonino deverá estudar bastante a personalidade da pessoa amada, se ela for nascida em Escorpião, pois os tipos inferiores deste signo são muito maléficos, especialmente os que nascem entre 1º e 10 de novembro; este decanato de Escorpião recebe a influência de Netuno, cujos raios negativos podem conduzir ao uso de tóxicos ou ao vício da embriaguez.

*Amizade* — As amizades entre nativos destes dois signos oferecem aspectos mais harmoniosos do que os observados na vida matrimonial. A inteligência, a intuição e o dom da análise e da crítica, que possuem os escorpianos, fazem deles companheiros atraentes e agradáveis. São, também, amigos honestos e fiéis e estão sempre prontos a colaborar nas horas de necessidade.

Todavia, as freqüentes discussões entre amigos de Leão e Escorpião serão sempre inevitáveis. Os leoninos gostam de ser o centro das atenções e levam a vida de modo alegre e despreocupado. Os escorpianos recusam-se a gravitar ao redor de quem quer que seja e sempre encaram com muita seriedade, desde um negócio de vulto até uma simples brincadeira de salão. Estas condições quase sempre determinam a ruptura ou o esfriamento das relações entre os nativos destes dois signos. A família dos leoninos também não aprovará sua amizade com certos escorpianos e isto dará causa a mágoas e aborrecimentos.

*Negócios* — O escorpiano é, quase sempre, um hábil comerciante. Embora, quando zangado, seja muito rude e agressivo, sabe ser amável e gentil quando convém aos seus interesses e, unindo-se a ele, desde que os defeitos comuns a ambos sejam eliminados, o leonino terá o sócio ideal.

As questões pessoais sempre serão o pomo da discórdia, que virá abalar e destruir proveitosas associações entre estes dois nativos. Não obstante, é bom lembrar que o escorpiano tem muita consciência de sua própria capacidade e sabe onde termina seu conhecimento e começa o alheio; desse modo, desde que cada um dos sócios saiba respeitar os direitos e funções do outro, os resultados serão magníficos.

Os leoninos mais favorecidos nos negócios feitos com nativos de Escorpião são os que nascem entre 13 e 22 de agosto, terceiro decanato do Leão, que recebe a influência participante de Marte.

LEÃO–SAGITÁRIO. Sagitário é simbolizado por um centauro que segura um arco e aponta sua flecha para o céu. Misticamente ele representa o homem bom em que tenta fugir de sua condição material e procura atingir as estrelas, isto é, tenta estabelecer uma ponte que lhe permita atingir os planos superiores que lhe estão vedados por sua condição animal. Leão, como trono do Sol, é a Casa da Luz, onde o indivíduo procura a sua iluminação interior para, por meio dela, atingir os mesmos planos superiores almejados pelo Centauro.

O leonino sempre aspira construir um mundo só feito de criaturas felizes, perfeitas, inteligentes e sensíveis; o sagitariano já deseja um mundo governado por valores intelectuais, funcionando dentro de uma ordem hierarquia justa, onde todos tenham seus deveres e direitos. Desse modo, leoninos e sagitarianos, cada qual trilhando sua estrada, sempre acabam se encontrando e se harmonizando perfeitamente. O ideal de um vem completar o do outro, pois não é possível conceber um mundo belo e perfeito onde a razão e a emoção não existam para equilibrá-lo.

No horóscopo fixo mensal dos leoninos, o signo de Sagitário corresponde à Casa dos Prazeres. Os nativos do Leão devem evitar os sagitarianos negativos, pois se a eles se unirem, ou com eles conviverem assiduamente, terão duras penas a pagar.

Se alguém necessitar do favor de um sagitariano, seguramente será atendido, desde que escolha o momento e as palavras certas. O nativo do Centauro é generoso, mas gosta de ser tratado com respeito e consideração.

*Amor* — No matrimônio, os aspectos oferecidos por estes dois signos são muito variáveis. Leão e Sagitário sempre oferecem o perigo de que a vida matrimonial seja cortada ou infeliz, em virtude de casos amorosos ilícitos ou devido ao interesse que os nativos dos dois signos sentem pelo sexo oposto; todavia, há possibilidade de muita harmonia desde que ambos, sagitarianos e leoninos, saibam corrigir suas fraquezas.

A índole dos nativos do Centauro é muito boa, tão generosa, jovial e afetiva quanto a dos leoninos, e os casamentos e uniões poderão trazer muita alegria e felicidade. Existem, todavia, indícios de que a paz doméstica possa ser perturbada ou desfeita por intrigas, cartas anônimas ou calúnias de empregados ou pessoas de condição social inferior. Os inimigos ocultos dos sagitarianos são tão perigosos quanto os dos nativos de Leão e a felicidade do casal será sempre prejudicada por eles.

*Amizade* — As amizades entre leoninos e sagitarianos serão sempre muito favoráveis, pois Júpiter, o benevolente e benéfico regente de Sagitário, tem grande afinidade com o Sol. O sagitariano também agrada muito ao nativo de Leão, que gosta de se ver rodeado de pessoas cultas e inteligentes. As relações entre ambos trarão imenso proveito para o leonino, que terá oportunidade de travar conhecimento com pessoas importantes e de prestígio, com as quais o nativo do Centauro sempre é forçado a conviver.

O leonino facilmente poderá ser arruinado por seus amigos. Deve ter extremo cuidado na escolha de seus companheiros nascidos em Sagitário, pois estes elementos, quando negativos, poderão prejudicar sua saúde, suas finanças e sua posição social, induzindo-o a jogar, a gastar excessivamente e a levar uma vida muito irregular. Já, por índole, o nativo do Leão não é muito prudente em relação a essas coisas e sua convivência com estes sagitarianos será altamente desastrosa.

*Negócios* — Nas associações comerciais a união entre nativos de Leão e do Centauro poderá trazer prestígio, prazer e lucro. É bom lembrar, mais uma vez, que o dinheiro poderá ser facilmente ganho, mas leoninos e sagitarianos poderão perdê-lo com mais facilidade ainda. Nenhum dos dois é cauteloso nos gastos ou sabe ser previdente e por isso é aconselhável muita prudência nos assuntos financeiros para que a sociedade não venha a ter um fim desastroso para ambas as partes.

Os leoninos nascidos entre 13 e 22 de agosto, terceiro decanato de Leão, não terão muita sorte nos negócios efetuados com os sagitarianos. Devem, também, ser evitadas as associações com nativos do Centauro, de vibrações negativas, nascidos entre 1º e 10 de dezembro; este período tem a regência participante de Marte, cujas vibrações tornam os sagitarianos menos amáveis e generosos.

LEÃO–CAPRICÓRNIO. Enquanto o signo de Leão determina jovialidade, generosidade, culto à beleza e à arte, amor à vida e ao prazer, o signo de Capricórnio determina os indivíduos que procuram a perfeição através da ascese, do silêncio, da meditação e do reconhecimento. Por outro lado, o signo de Leão é de natureza radiante, magnética e vital, ao passo que Capricórnio, pertencendo ao elemento terra, tem uma vibração que restringe e limita os seus nativos; ele determina uma personalidade retraída, concentrada, obstinada e pouco afetiva.

Derramando seus raios sobre os nativos de Leão, o Sol lhes dá aquela feição vibrante e atraente que já descrevemos e os torna sociáveis, gentis e comunicativos. Para os capricornianos o silêncio é quase tão necessário quanto o oxigênio; ele entra em contato com outras pessoas somente quando premido pela necessidade e, sempre que pode, isola-se dentro de si mesmo. A aridez e a frigidez estão sempre associadas a Capricórnio e a Saturno, seu regente, e os nativos deste signo parecem refletir essas características, pois não expandem suas emoções e raramente são dados a demonstrações de carinho e afeto.

Capricórnio proporciona altas qualidades a seus nativos, que são inteligentes, modestos e sinceros; os tipos inferiores, todavia, são avaros, mesquinhos, cruéis e destrutivos, e os leoninos sofrerão muito se conviverem com eles com muita intimidade.

O capricorniano não demonstra seus sentimentos, é seco e retraído e não gosta muito de ser perturbado. Se alguém quiser fazer-lhe um pedido, deverá medir bem as palavras e pedir ajuda adicional à sorte.

*Amor* — O leonino sempre procura calor e afeto e poderá não ser muito feliz casando-se com alguém de

Capricórnio, pois os nativos deste signo não costumam demonstrar suas afeições e nem são muito carinhosos. Quando se apaixonam verdadeiramente, são muito fiéis e dedicados, mas quando pertencem a escalas inferiores sempre procuram encontrar uma união que traga vantagens financeiras, dando pouca importância ao amor.

Unindo-se a um capricorniano negativo, o leonino se arrisca a ter um cônjuge frio e nada carinhoso, um servidor rancoroso ou, então, um sócio mais interessado na conta bancária do que nos laços matrimoniais, o que poderá dar causa as estranhas e desagradáveis situações. Existirá, também, o perigo de intrigas, calúnias ou ataques de inimigos ocultos, de servidores ou de elementos de posição social inferior, que acabarão destruindo a paz doméstica dos leoninos e conduzindo seu casamento a uma separação.

*Amizade* — Nas relações fraternas, os aspectos são bastante favoráveis, mas, tratando com certos tipos, o leonino precisará cuidar-se pois nem sempre o afeto será o motivo principal da amizade. Os capricornianos menos evoluídos procuram a sombra das criaturas vitoriosas a fim de tirar vantagens, conseguir os favores de importantes personalidades e melhorar sua posição social e suas finanças.

Os capricornianos são excelentes companheiros, pouco comunicativos, mas sinceros e fiéis. Os tipos inferiores, todavia, são invejosos, rancorosos, exteriormente humildes e passivos, mas interiormente dinamizados pelo desejo de destruir ou humilhar aqueles que possuem qualidades superiores. Os leoninos devem evitar qualquer intimidade com servidores ou subalternos nascidos em Capricórnio, pois poderão ser muito prejudicados por eles. Se tiverem amigos capricornianos, escolham sempre indivíduos de posição igual ou superior à sua.

*Negócios* — Nos negócios o nativo de Leão encontrará, no capricorniano, um dos melhores companheiros de trabalho. A laboriosidade incansável, a inteligência profunda e lógica, a honestidade e a lealdade do nativo de Cabra Marinha fazem dele o sócio ideal, capaz de moderar a excessiva generosidade, a alegria inconseqüente e a despreocupada atividade dos leoninos. Os capricornianos, quando enriquecem, fazem fortuna muito sólida; o nativo de Leão, se souber aproveitar seus sábios conselhos, poderá garantir sua situação financeira, que nunca é muito estável em virtude de sua natureza extravagante.

Os associados ou os empregados de Capricórnio que o leonino tiver, devem ser cuidadosamente escolhidos. Assim como os tipos superiores são leais, competentes e honestos, os inferiores são rancorosos, jamais esquecem as ofensas, odeiam em silêncio e fazem às ocultas o seu trabalho de destruição, sabotando e caluniando.

LEÃO–AQUÁRIO. Os leoninos costumam admirar a estranha personalidade dos aquarianos, espiritualmente se harmonizam muito com eles, mas raramente consegue transportar esses pontos de afinidade para o plano material, pois não é do seu agrado conviver de perto com pessoas de gênio indomável, que sempre seguem seus próprios caminhos e dificilmente aceitam o domínio de outros.

Urano, o elétrico e revolucionário regente de Aquário, que além de suas qualidades próprias também parece refletir o brilho das vibrações mentais de Mercúrio e o frio e profundo reflexo de Saturno, é sempre muito hostil ao Sol. O leonino, que tem um temperamento solar, jovial, dadivoso e amável, não pode entender ou aprovar a singular natureza do aquariano, cuja mentalidade científica e avançada lhe dá um aspecto insensível e desapaixonado. O leonino, recebendo o influxo do Sol, parece ter em si a noção de que cada dia deve ser vivido e esbanjado plenamente, porque no dia seguinte a luz brilhará de novo; o aquariano, no entanto, caminha sempre com os olhos postos mais além, pois o Aguadeiro é o signo do futuro, enquanto o Leão é o signo do presente.

Os aquarianos inferiores são extremamente destrutivos e frios. Os tipos mais evoluídos, todavia, são extraordinariamente benéficos para os leoninos, pois no horóscopo fixo dos nativos do Leão, Aquário é o setor zodiacal que representa a complementação espiritual ou material, o cônjuge ou o associado.

O nativo de Aquário é generoso e raramente deixa de atender aos pedidos que lhe são feitos; o difícil e chegar-se até ele, pois seu temperamento, embora amável, é retraído e pouco sociável.

*Amor* — A união entre leoninos e aquarianos não será muito harmoniosa, a não ser que o nativo de Leão se disponha a perdoar o pouco interesse que o nativo do Aguadeiro costuma sentir por tudo quanto é doméstico ou rotineiro. Nenhum aquariano, a despeito de ser um trabalhador incansável, gosta de executar trabalhos caseiros e o casamento será mais feliz e a casa andará mais bem arrumada quando o marido nascer em Aquário e a mulher em Leão. Por outro lado, apesar de seu temperamento pouco demonstrativo, o aquariano é muito afetivo e quando ama, além de ser absolutamente fiel, também é bastante exclusivista.

As tendências estranhas e rebeldes se acentuam nos que nascem entre 21 e 29 de janeiro, primeiro decanato de Aquário, e entre estes nativos e os leoninos a harmonia será muito problemática. Quando, todavia, se unem tipos superiores de ambos os signos, o matrimônio poderá ser muito feliz, pois Leão e Aquário representam, um para o outro, a complementação cósmica ideal.

*Amizade* — As amizades entre nativos de Leão e do Aguadeiro prometem mais felicidade e prazer do que as uniões amorosas. Os que nascem nestes dois signos amam a liberdade e qualquer laço lhes parece uma prisão; como ambos são inteligentes, sensíveis, intelectuais e gostam de arte e beleza as relações fraternas, que nunca têm o aspecto de obrigação ou compromisso, são as que mais satisfazem aos dois.

A ligação com elementos negativos do Aguadeiro, será muito maléfica para os leoninos, que sofrerão graves danos em sua reputação. Os aquarianos, quando de baixa vibração podem demonstrar a mais fria perversidade. Podem, ainda, por sua natureza transformadora e anti-social, envolver-se em atividades políticas subversivas; como o leonino jamais abandona um amigo, acabará também sendo vítima de perseguições políticas ou militares, que farão muito mal ao seu bom nome.

*Negócios* — Os nativos de Aquário são muito inteligentes e possuem extraordinária plasticidade mental que lhes permite exercer, com sucesso, as mais variadas ocupações. Não possuem, todavia, grande talento como financistas, pois quando fazem algo que é do seu agrado jamais se importam com o lucro. O leonino encontrará, neles, bons, honestos e laboriosos associados, mas terá que ensiná-los a ganhar dinheiro.

As uniões comerciais mais favoráveis serão aquelas em que o nativo de Leão se associar a alguém nascido entre 30 de janeiro e 8 de fevereiro; de todos os aquarianos, estes são os mais hábeis na arte de negociar, pois recebem a influência participante de Mercúrio, que favorece muito o comércio. Raramente a desonestidade se manifesta em nativos de Leão e de Aquário; os aspectos negativos do Aguadeiro sempre tendem à falta de afeto, à crueldade ou à subversão da ordem, e os nativos de Leão, embora não corram o risco de roubo por parte do sócio, poderão envolver-se em situações bem desagradáveis.

LEÃO–PEIXES. O signo de Peixes fecha o triângulo dos signos de água e ocupa o décimo segundo setor zodiacal, a última Casa, portanto, que é justamente a que governa sobre os inimigos ocultos, as traições, as prisões e todos os males de origem misteriosa ou extraterrena.

Netuno rege Peixes e dá, aos que nele nascem, intensa emotividade, muita sensibilidade e extremo psiquismo. Os piscianos são divididos em dois tipos, pois Peixes é um signo duplo; eles tanto podem ser vaidosos, amáveis, joviais e descuidados como crianças ou, então, místicos, ascéticos, modestos e laboriosos. Tanto uns como outros são prestativos e estão sempre prontos a colaborar e a sacrificar-se por seu trabalho ou pelos que amam. Netuno também desenvolve a imaginação e a tendência para os sonhos e divagações e muitos nativos de Peixes passam toda a sua vida mergulhados na inércia porque preferem viver felizes em seu mundo interior em vez de lutar por um lugar ao sol, neste mundo material.

Embora possa existir muita afinidade espiritual, nunca existirá muita harmonia no convívio entre os sonhadores pupilos de Netuno e os iluminados filhos do Sol. Por outro lado, os leoninos devem sempre evitar os piscianos inferiores, pois em seu tema astrológico o signo de Peixes corresponde à Casa da Morte.

O pisciano é extremamente humano e está sempre pronto a auxiliar seus semelhantes. Quem precisar de sua ajuda não precisa escolher palavras ou momentos favoráveis; basta pedir e conseguirá.

*Amor* — Nos matrimônios ou uniões existem promessas de muita felicidade, pois os piscianos são joviais, afetivos e submissos e se adaptam muito bem ao dominador leonino, que gosta de viver com exuberância, que detesta a solidão e a tristeza e faz questão de saborear cada minuto de sua vida, sem se preocupar com os acontecimentos futuros. Casando-se com alguém nascido no signo de Peixes, o nativo de Leão poderá ser favorecido com dinheiro ou propriedades que seu cônjuge receberá por herança; inimigos ocultos ou parentes, todavia, tentarão impedir que o leonino receba o que lhe compete, tendo que recorrer a advogados ou tribunais para resguardar seus interesses.

Os piscianos superiores possuem elevada espiritualidade, mas os tipos inferiores são muito prejudiciais; podem inclinar-se à bebida, aos tóxicos ou a práticas imorais ou podem, simplesmente, viver fanatizados por sessões de baixo espiritismo, de magia ou de curandeirismo.

*Amizade* — Quase sempre todo nativo de Peixes se dedica a algo ou a alguém, esquecendo-se de si próprio; ou vive para a arte, ou vive para a criatura amada, ou se dedica a obras filantrópicas ou pratica intensamente a caridade, enfim, vive de mil modos diferentes sem nunca aproveitar e saborear os momentos bons que lhe pertençam exclusivamente. Embora tenham qualidades para realizar grandes coisas, os piscianos preferem secundar ou complementar os outros, e os leoninos neles terão companheiros dedicados e sinceros, sempre prontos para ajudá-los em seus planos, sonhos e empreendimentos.

É aconselhável muita prudência no trato com piscianos inferiores, que poderão acentuar, nos leoninos, a inclinação para os prazeres materiais ou poderão conduzi-los a uma vida estranha, fora dos códigos morais, onde a bebida e os entorpecentes poderão ter papel importante e arruinarão o generoso e nem sempre prudente nativo de Leão.

*Negócios* — Os piscianos são excelentes para trabalhar, mas nunca servem para mandar. Alguns deles podem ter vontade firme, energia e entusiasmo, mas a maioria pertence ao tipo sonhador, estando mais apta para obedecer do que para liderar. Em virtude disso, os negócios estabelecidos entre eles e os leoninos caminharão muito bem desde que a direção comercial esteja nas mãos dos nativos de Leão.

Nas atividades estabelecidas com nativos de Peixes, o leonino deverá escolher muito bem o seu sócio, antes de assumir qualquer compromisso formal ou firmar qualquer contrato. Não devemos esquecer que Peixes tem como símbolo dois peixes; é, portanto, um signo duplo e seus nativos tanto podem pertencer a duas categorias distintas como podem encerrar estranha duplicidade íntima, misto de cordialidade e rancor, lisura e desonestidade, pureza e perversão, grandeza e mesquinharia.

## SOL, O REGENTE DE LEÃO

O Sol, com suas manchas estranhas, seus campos magnéticos, suas tremendas explosões e sua temperatura central de 20 000 000 °C, é a estrela responsável por nossa vida. Deslocando-se à razão de 20 mil metros por segundo, em direção à constelação de Hércules, ela arrasta consigo seus planetas com os respectivos satélites, rumo ao infinito, numa caminhada que parece não ter fim nem propósito; misticamente, porém, todos os caminhos têm uma finalidade e até mesmo o vertiginoso vagabundear das estrelas, no universo, deve obedecer a uma lei que nossa mente não alcança conceber.

Regendo o signo de Leão, o Sol imprime, nos leoninos, uma personalidade única, impregnada de irradiante energia. Da mesma forma que os astros vagabundos, o leonino também tem seu modo especial de agir, não obedecendo muito ao formulário comum que serve de roteiro para a maioria. Ele vive, ama, trabalha e se diverte a sua moda. Em seu trabalho, então, é muito particular; exige que todos sigam uma rotina predeterminada, mas pessoalmente não obedece a nenhuma regra e suas atividades, sempre norteadas por seu interesse, parecem confusas para quem o observa. Ao folhear um livro pode começar do meio, ler um pedaço do final e depois voltar à primeira página. Às vezes trabalha no horário das refeições e sai para o almoço no meio da tarde. Faz aquilo que lhe agrada e do modo que bem lhe apraz, mas gosta que os outros façam tudo dentro das regras comuns. Fica ressentido quando se vê confundido entre a multidão, pois quer que o distingam, e que reconheçam seu valor. Detesta ser colocado em paralelo com os outros, jamais imita a quem quer que seja e, seja por sua simpatia, seja por sua capacidade, sempre consegue ser notado. É elegante em suas maneiras, refinado em seus hábitos e tem, às vezes, pequenas manias ou gestos que o singularizam, a exemplo de Napoleão, que costumava enfiar a mão na abertura do colete.

O Sol, irradiando sobre os nativos de Leão, proporciona-lhes uma vontade firme, uma inteligência brilhante e uma mente inspirada. Os leoninos são objetivos em seus conceitos, independentes em moral, religião ou política, mas sempre justos em seus julgamentos; sabem castigar na proporção exata da falta e mesmo seus inimigos não podem acusá-los de parcialidade ou injustiça. Não menosprezam ninguém, não tentam apresentar-se como os únicos donos da Verdade e têm a mente aberta aos conselhos sensatos. A despeito de sua independência, estão dispostos a abandonar seus conceitos se alguém consegue provar que eles estão errados; isto lhes dá a preciosa qualidade de reconhecer as próprias falhas e, conseqüentemente, encontrar o melhor meio de corrigi-las.

O nativo do Sol nasce para dirigir e nunca para ser dirigido. Os leoninos, quando condenados a uma situação modesta, lutam com todas as suas forças, procurando atingir uma situação financeira em que possam libertar-se do jugo alheio, onde possam ser seus próprios patrões e não tenham a necessidade de depender da boa vontade dos outros. Por sua natureza gentil e generosa, são estimados por todos os que com eles lidam, sejam subalternos ou seus superiores. A vontade inabalável é a arma poderosa que utilizam para vencer todas as lutas e sempre acabam conquistando tudo quanto desejam. Não se satisfazem com pequenas vitórias e, uma vez concretizado um objetivo, logo partem, entusiasmados, rumo a outro alvo mais difícil e mais avançado.

Os leoninos nascidos no primeiro decanato do Leão, entre 22 de julho e 2 de agosto, são os que recebem com maior intensidade as vibrações solares. Refletem com muito vigor, todas as qualidades positivas do seu signo, mas, em compensação, são os mais esbanjadores, alegres e boêmios tipos de Leão, para quem a vida é mais uma saborosa aventura do que propriamente uma luta. Nestes leoninos o Sol vibra com dupla força, magnetizando sua personalidade, fortalecendo sua vitalidade, objetivando sua consciência e dando uma nobre e generosa feição aos seus atos e pensamentos. Os que nascem nestes dez dias, especialmente quando pertencem ao sexo feminino, podem possuir rara beleza ou vigor físico notável.

Os nativos de Leão, quando pertencem aos dez dias que vão de 3 a 12 de agosto, recebem não só as brilhantes vibrações solares como, também, o benéfico influxo de Júpiter, que vem dar-lhes o sentido da origem, da hierarquia. Os raios de Júpiter trazem, a estes leoninos, uma visão dos contrastes sociais e morais e também o segredo de como harmonizá-los, tornando-os extremamente humanitários e compassivos.

Os nativos do terceiro decanato do Leão, que vai de 13 a 22 de agosto, têm as vibrações do Sol mescladas com as vibrações participantes de Marte. Este agressivo e audacioso planeta vem torná-los mais independentes e auto-suficientes. Estes leoninos já não almejam apenas a conquista da fortuna ou da fama; ambicionam, também, o poder e, para consegui-lo, lutam com a mesma vontade poderosa que utilizam em todos os seus atos.

Embora cada decanato possa apresentar ligeiras variações na personalidade de seus nativos, as vibrações do Sol têm igual intensidade em cada um dos trinta dias de Leão e irradiam sobre todos os leoninos os mesmos influxos elevados e benéficos. As profissões por ele induzidas são as mesmas já citadas anteriormente, em relação ao signo de Leão. Convém saber, no entanto, que seus raios dominam especialmente o poder, o dinheiro e os objetos preciosos. Assim, os leoninos tanto poderão ser os donos de bancos, casas bancárias ou cambiais como poderão exercer alguma função dentro desses estabelecimentos. Terão, também, muito êxito em qualquer atividade relacionada com finanças, investimentos, empréstimos, cobranças, etc., e também poderão, se o desejarem realmente, ocupar postos de comando ou de direção, tanto em empresas particulares como em departamentos do governo ou nas classes armadas.

Os leoninos possuem indomável fortaleza de espírito e nada consegue derrotá-los. Iluminados por uma intensa chama interior, eles superam todas as tristezas, combatem o pessimismo, não temem os obstáculos e estão sempre prontos para qualquer luta. Sabem erguer-se cada vez que a sorte os derruba, sem que ninguém os estimule ou espicace seu orgulho. Parecem possuir uma inesgotável fonte de coragem e otimismo, nunca alimentam negros presságios, rancores surdos ou recordações amargas porque são os iluminados nativos do Sol, o astro que afasta as trevas da Terra e os temores da alma.

## Simbolismo das cores

O amarelo e o laranja são as cores que pertencem ao signo de Leão e ao seu regente, o Sol. Classificando bem a mística e transcendental vibração do nosso astro, o amarelo simboliza a Iniciação nos mistérios divinos. Na Cromoterapia, em virtude da energia vital das vibrações solares, os raios amarelos são usados para fixar as vitaminas no nosso organismo, principalmente a vitamina B, que também emite ondas amarelas.

É o poder do Sol que faz com que nosso corpo aproveite toda essência dos alimentos. Basta ver como uma planta que medra ao acaso, encoberta por um muro ou uma pedra, torce sua haste e cresce voltada para a luz e para o calor para melhor entender como os raios solares são indispensáveis à vida. O planeta Vênus rege todas as plantas, estando sob sua especial influência a clorofila, o pigmento verde que funciona como energia transformadora. Vênus, todavia, não pode agir só, precisa do Sol para poder proporcionar vida às plantas; mediante a fotossíntese os raios solares operam um milagre da química orgânica, fazendo com que o dióxido de carbono e a água se modifiquem quimicamente, transformando-se em oxigênio e carboidratos, permitindo assim que as plantas se alimentem e respirem. A cor amarela, além de suas atribuições místicas, tem também extraordinário poder vitalizante e recuperador e determina a harmonização de todas as células nervosas, possuindo, portanto, embora em menor escala, o mesmo poder da luz solar.

A cor laranja, que é formada pela mistura do amarelo com uma pequena dose de vermelho, é altamente favorável aos leoninos. Misticamente simboliza o Espírito Santo e no antigo cristianismo era o tom que representava o amor de Deus abrasando o coração dos fiéis. Esta cor é tão usada hoje pela Igreja cristã como o foi na antigüidade, não só pelos adeptos de Jesus como, também, por muitos sacerdotes pagãos, especialmente os de Júpiter e Apolo.

Quando o dispêndio de energia mental é muito maior do que o de energia física, a cor laranja produz o equilíbrio interior. Assim, para os que executam trabalhos intelectuais e ficam horas sentados, sem ar puro e sem exercícios, é indispensável o uso de um acessório de cor laranja em seu vestuário. Além de intensificar a vitalidade e compensar o desgaste das células cerebrais, esta cor também traz decisão e firmeza, sendo muito benéfica para os tímidos e os indecisos.

Por influência de Júpiter que participa, com o Sol, na regência do segundo decanato de Leão, o azul e a violeta também são cores propícias para os leoninos, principalmente os que nascem entre 3 e12 de agosto. O azul é altamente benéfico para quase todos os tipos astrológicos, pois acalma e tonifica os nervos de modo extraordinário. É muito favorável para quem deseja alcançar o conhecimento superior, pois simboliza a Verdade Divina. Segundo as mais antigas tradições, esta cor representava a lealdade, a fidelidade, a castidade e a honra. Os nativos do Leão poderão usá-la para espiritualizar suas qualidades e também poderão descansar, estudar ou meditar melhor se o fizerem num quarto com as paredes pintadas de azul-claro. Apesar de muito benéfica para os nervos, esta cor não deve ser usada pelos tímidos, principalmente quando vão empreender algo importante, pois ela conduz à meditação e ao recolhimento e diminui a ambição e o entusiasmo.

A cor vermelha também é própria para os nativos de Leão, especialmente para os que pertencem ao terceiro decanato, que vai de 13 a 22 de agosto. Ela também possui grande poder vitalizante; a vitamina A fixa-se rapidamente no organismo mediante seus raios e as pessoas anêmicas logo se fortalecem quando a usam, pois ela enriquece os glóbulos sangüíneos.

O vermelho deve ser usado com cautela, pois aumenta a sensualidade, inclina aos prazeres materiais e torna o indivíduo agressivo e colérico. Por suas propriedades energéticas, deve ser utilizada pelos tímidos e nervosos, que assim encontrarão bastante coragem para realizar seus desejos.

## A magia das pedras e dos metais

O carbúnculo, o diamante e a crisólita são pedras preciosas altamente favoráveis aos que nascem no signo do Leão. Usando-as, os leoninos poderão utilizar beneficamente suas vibrações. De acordo com os mistérios herméticos, as cintilações das pedras preciosas indicam que elas têm vida própria e, assim, podem servir como poderosos talismãs quando forem apropriadas ao signo de nascimento ou podem trazer efeitos maléficos quando pertencerem a algum signo hostil.

Além do diamante, o rubi pode ser usado com sucesso pelos leoninos que nascem entre 13 e 22 de agosto, terceiro decanato do Leão. O rubi é a pedra de Marte e dá a quem o usa, força, distinção, autoconfiança e poder. A ametista é igualmente própria para os nativos do segundo decanato de Leão, que vai de 3 a 12 de agosto. Esta pedra, que é uma variedade de quartzo de tom violeta, aumenta a vitalidade e elimina o torpor provocado pela bebida.

Todas as pedras que citamos exercem proveitosa influência sobre os leoninos, mas o diamante sempre lhes será mais favorável do que qualquer uma delas. É o mais nobre e límpido de todos os minerais e traz poder e riqueza a quem o usa.

O ouro, o mais precioso dos metais, é o elemento químico que pertence a Leão e ao Sol. É dispensável dizer tudo o que se pode fazer com ele, em matéria de ornamentos ou adornos para uso pessoal. Basta apenas dizer que ele é altamente favorável aos leoninos, sendo o que mais se adapta à sua personalidade e às condições cósmicas determinadas por seu nascimento.

## A mística das plantas e dos perfumes

A oliveira, a romãzeira e o loureiro são as plantas sagradas pertencentes ao Sol e ao signo de Leão. Servem como símbolo de paz, poder e glória e tanto estão na fronte dos conquistadores como na dos heróis ou dos artistas.

Todos os leoninos podem aproveitar as delicadas e espiritualizadas vibrações das flores de seu signo e de seu planeta regente. Elas são a angélica, a acácia, o girassol, a flor da amendoeira e a delicada centáurea. Plantadas no jardim ou no quintal de um nativo de Leão, ou postas num vaso em sua sala de estar, trazem benéficas irradiações para seu corpo e sua mente.

Os nativos de todos os decanatos de Leão podem utilizar a pura essência dessas flores, para perfumar suas roupas e seu corpo. Também sempre é bom aromatizar o ambiente, naturalmente sem qualquer intenção mística ou religiosa; será muito útil aos leoninos a queima de pétalas secas das flores que pertencem ao seu signo: devem colocá-las num braseiro, misturando-as com um pouco de sândalo ou mirra, que é uma resina que se harmoniza cosmicamente com as vibrações de Leão e do Sol.

# O SOL E OS SETE DIAS DA SEMANA

## Segunda-Feira

A Lua, regente de Câncer, é quem rege a segunda-feira. Câncer é um signo de água e este dia, portanto, pertence ao móvel e psíquico elemento que é responsável pelas fantasias, sonhos e crendices e que favorece as aparições e as comunicações com os nossos ancestrais. Sendo Câncer um signo de natureza passiva, e a Lua um elemento também de energia passiva, ou feminina, a segunda-feira é um dia onde todos sentem sua vitalidade diminuída; como diz o povo, é "dia de preguiça".

Acontece que este dia domina sobre coisas importantes, que nada tem de preguiçosas, relacionando-se com a alimentação e a diversão do povo. Circos, parques de diversões, teatros, cinemas, feiras, mercados, portos de mar, alfândegas, entrepostos de pesca, etc., são locais que estão sob a vibração lunar. Como o Sol tem uma posição neutra em relação à Lua, os leoninos poderão, nas segundas-feiras, tratar não só dos assuntos ligados ao seu planeta e ao seu signo como, também, de todas as atividades pertencentes à Lua.

## Terça-Feira

A terça-feira esta sob a vibração do turbulento e agressivo Marte. Como este planeta tem bastante afinidade com o Sol, os leoninos podem tratar, neste dia, de assuntos regidos por seu signo e planeta e de todas as atividades governadas por Marte. A terça-feira é especialmente propícia para os que nascem entre 13 e 22 de agosto, terceiro decanato do Leão.

As consultas a médicos, cirurgiões, dentistas, oftalmologistas, etc., devem ser feitas na terça-feira, pois Marte, além do seu grande poder vitalizante, também age beneficamente sobre todas as coisas ligadas à saúde e ao corpo físico. É, igualmente, dia propício para toda sorte de operações ou intervenções cirúrgicas; assim como para o início de qualquer tratamento de saúde.

Marte rege a indústria, o ferro, o fogo, a mecânica, os ruídos, a violência, a dor, o sangue e a morte. A terça-feira é benéfica para os negócios ligados a hospitais, prisões, fábricas, usinas, matadouros, campos de esporte, ferrovias, indústrias e, também, quartéis e tribunais, pois Marte influencia os militares, os homens de governo, os juízes e os grandes chefes de empresa.

## Quarta-Feira

A quarta-feira está sob a regência de Mercúrio e de sua oitava superior, o planeta Urano. O Sol se harmoniza muito bem com os raios de Mercúrio e este dia poderá favorecer os leoninos, se tiverem que tratar dos assuntos regidos por este pequeno e inquieto planeta. O mesmo não acontece com as atividades ligadas a Urano, pois ele é hostil ao Sol e, por extensão, aos leoninos.

Mercúrio é o senhor da palavra, escrita ou falada, e protege as comunicações, os documentos, cartas, livros, publicações e escritos de toda espécie. Rege, ainda, o jornalismo, a publicidade, as transações comerciais e as atividades artísticas, principalmente as exercidas em circos ou teatros. A quarta-feira também é propícia para as viagens, pois Mercúrio governa todos os meios de locomoção, com exceção dos aéreos, que estão sob a regência de Urano.

Urano governa a eletrônica, o rádio, a televisão, a cibernética, o automobilismo, a astronáutica, a aeronáutica e todas as atividades em que intervenham a eletricidade, o movimento mecânico, as ondas de rádio e todas as formas de vibração mental, especialmente a telepatia.

## Quinta-Feira

Júpiter, o benévolo deus dos deuses, é quem influência as quintas-feiras, favorecendo tudo o que diz respeito às relações humanas, desde que não se relacionem com transações comerciais.

Ele protege os noivados, namoros, festas, casamentos, reuniões sociais, comícios políticos, conferências, concertos, etc. Também sob sua regência estão todas as coisas ligadas ao Poder e ao Direito. Pode-se, pois, nas quintas-feiras, tratar de assuntos relacionados com juízes e tribunais ou que dependam do governo, do clero ou das classes armadas. Também, sob as irradiações de Júpiter estão os professores, os filósofos, os sociólogos, os cientistas, os economistas, os políticos e os grandes chefes de empresa.

Júpiter se harmoniza com o Sol e com o signo de Leão. Neste dia, os leoninos poderão tratar, com grande êxito, não só dos assuntos dominados por seu signo e por seu regente, como, também, de todas as atividades favorecidas pelo benéfico Júpiter, cujas vibrações são altamente propícias a todos os indivíduos ativos, dinâmicos e realizadores.

Os leoninos nascidos entre 3 e 12 de agosto terão, na quinta-feira, um dia excepcionalmente favorável, pois seu decanato também recebe a influência participante de Júpiter, que assume, para eles, o caráter de um benévolo padrinho.

### Sexta-Feira

A sexta-feira tem sua regência dividida entre Vênus e sua oitava superior, Netuno. Os raios venusianos são benéficos para os que nascem em Leão, mas o mesmo não se pode dizer das vibrações de Netuno, que não se harmonizam com este signo e nem com o Sol. Os leoninos podem tratar das atividades dominadas por Vênus, mas devem agir com muita cautela se tiverem que fazer alguma coisa em que os assuntos favorecidos pelos raios netunianos exerçam papel importante.

Vênus rege a beleza e a conservação do corpo. A sexta-feira é favorável para a compra de roupas e objetos de adorno, para cuidar dos cabelos ou tratar de qualquer detalhe relacionado com a beleza e a elegância, masculina ou feminina. É dia propício para festas, reuniões sociais e atividades artísticas. Protege, também, os namoros, noivados e as artes, interpretativas ou criadoras. Os presentes dados ou recebidos neste dia são motivo de muita alegria, sejam eles flores, bombons, objetos de adorno ou de decoração, livros, roupas, etc.

Netuno governa o psiquismo e o cerebelo. Rege, também, o sistema nervoso vegetativo, podendo provocar neuroses e psicoses. Sob sua influência estão todas as obras de assistência social, públicas ou particulares. Exerce, ainda, especial domínio sobre asilos, hospitais, orfanatos e casas de saúde, assim como sobre organizações ocultistas, espiritualistas ou religiosas. Para atrair os benéficos raios netunianos é bom agir com generosidade e bondade, pois Netuno ainda tem, sob suas vibrações, a pobreza, a doença e a miséria, não se devendo, nas sextas-feiras, e naturalmente em dia nenhum, negar a um desfavorecido ou a um doente uma ajuda material ou um sorriso fraterno.

## Sábado

O frio e constritor Saturno, filho do Céu e da Terra, não se harmoniza com quase nenhum dos seus irmãos planetários, com exceção de Mercúrio e Urano, os planetas da inteligência. O Sol também não tem afinidade com os raios saturninos, e os leoninos, neste dia, devem evitar as atividades dominadas por seu signo e planeta e só tratar dos assuntos favorecidos por Saturno.

As irradiações saturninas beneficiam os lugares sombrios ou fechados, tais como cemitérios, minas, poços, escavações e laboratórios, ou os locais de punição e sofrimento, recolhimento ou confinação, como cárceres, hospitais, claustros, conventos, hospitais de isolamento, etc. A lepra, as feridas e chagas, o eczema, a sarna, e todos os males da pele lhe pertencem e o sábado é bom dia para iniciar ou providenciar seu tratamento.

Saturno também rege a arquitetura severa e a construção de edifícios para fins religiosos, punitivos ou de tratamento, como igrejas, conventos, claustros, tribunais, orfanatos, penitenciárias, asilos, casas de saúde, etc. A ele também estão ligados os estudos profundos, a matemática, a astronomia, a filosofia e também as ciências herméticas. Como filho do céu e da Terra, ele também é o regente dos bens materiais ligados à terra; como casas, terrenos, propriedades na cidade ou no campo, sendo o sábado favorável para a compra e a venda dos mesmos.

## Domingo

O domingo pertence ao Sol. Depois de trabalhar durante toda a semana, este é o dia que o homem sempre reserva para o seu descanso e para o seu prazer. Nada há de mais triste do que um domingo sombrio e chuvoso, visto que a luminosa vibração solar está intensamente ligada a ele e não podemos concebê-lo sem muita luz e alegria.

O riso, a bondade, a fortuna, a beleza e a generosidade estão sob a elevada regência do Sol, que também influência tudo quanto é extravagante, original, opulento, majestoso e agradável ao corpo ou à alma. O leonino, que recebe as pródigas vibrações desse astro, nunca procura aquilo que é mais útil ou necessário; sempre busca aquilo que lhe dá maior alegria e orgulho. Com generosa liberalidade, tanto gasta seu dinheiro numa obra de arte de alto preço como numa montanha de doces e balas para distribuir para as crianças, que aliás são ternamente amadas pelos nativos de Leão.

O domingo é especialmente próprio para tratar de qualquer assunto financeiro. Com o mesmo êxito, é possível pedir favores ou empréstimos a pessoas altamente colocadas ou solicitar emprego ou proteção a importantes elementos do clero, da política, do governo, das finanças ou do mundo social. É um dia que inclina à boa vontade, à generosidade e à fraternidade, favorecendo as visitas, festas, reuniões, bailes, noivados, casamentos, conferências, concertos, exposições de arte, mostras de joalheria, etc.

Os leoninos nascidos em qualquer um dos trinta dias do seu signo podem aproveitar vantajosamente as benéficas vibrações do domingo que, para eles, é sempre um dia de sorte. É, porém, necessário ter cautela com os gastos excessivos ou as extravagâncias no jogo, pois o Sol, liberal ao extremo, poderá fazer com que o leonino sofra pesadas perdas. Também é bom agir com prudência, nos assuntos amorosos, que poderão provocar brigas e discussões. Não se deve exagerar nas delícias do almoço, pois este dia, inclinando ao excesso, poderá trazer aborrecimentos que tanto se cristalizarão numa indigestão incômoda, como numa congestão de conseqüências graves.

A noite de domingo tem vibrações menos intensas que o período diurno. É excelente momento para fazer visitas ou tratar com pessoas de mais idade ou de alta posição, às quais se deseja pedir algum favor. A noite de domingo também é benéfica para as amizades, as atividades sociais e todos os assuntos artísticos ou culturais.

# MITOLOGIA

## Leão

Há dois signos do zodíaco que são regidos por animais que participaram dos famosos trabalhos de Hércules. Eles são Câncer e Leão; o primeiro é o caranguejo que mordeu Hércules quando este tentava matar a hidra de Lerna; o segundo é o leão dos bosques de Neméia, que foi morto pelo herói.

Hércules, ou Héracles, como o chamavam os gregos, é uma das mais importantes figuras da lenda. Foi adorado por inúmeros povos antigos e tinha templos no Egito, na Grécia, na Índia, na Fenícia e dizem que até na Gália. Era conhecido sob vários nomes e cultuado de diversas formas. O apelido pelo qual é mais apontado e com o qual foi reverenciado por gregos e romanos é o de Hércules Tebano.

Seu nascimento se deve a uma das muitas infidelidades de Júpiter, o deus dos deuses. Segundo a lenda, existia em Tebas uma bela princesa, Alcmena, por quem Júpiter se apaixonou. Tendo Anfitrião, o marido

145

de Alcmena, partido para uma expedição nas ilhas do Mar Jônio, o deus dos deuses assumiu os seus traços, foi recebido ternamente por Alcmena e tornou-a mãe de Hércules e de seu irmão gêmeo, Íficlo. Este Íficlo eclipsou-se timidamente no céu da lenda, deixando todos os méritos para seu atlético irmão.

Juno, esposa de Júpiter, ficou enfurecida ao saber do sucedido e enviou dois dragões para matarem o recém-nascido, mas o pequeno Hércules os fez em pedaços, demonstrando, com sua prodigiosa força, que era realmente o filho de um deus. Pouco depois, como Alcmena, apavorada, tivesse fugido e abandonado o menino, Juno, compadecida, consentiu em amamentá-lo para torná-lo imortal. A criança sugou com tanto ímpeto o sagrado seio que o leite de Juno voou para os céus, criando a branca faixa estelar que chamamos Via Láctea, que os gregos diziam ser a estrada que conduzia ao palácio de Júpiter.

Com o passar dos anos, Hércules foi se tornando cada vez mais belo e forte e quando se tornou um adolescente resolveu retirar-se para meditar sobre a carreira que iria seguir. Apareceram-lhe, então, duas mulheres, uma muito bela, vestida de branco e a outra muito provocante, usando ricas roupagens coloridas. Elas eram a Virtude e a Volúpia e ali estavam para que ele escolhesse com qual das duas desejaria seguir. Depois de leve hesitação, Hércules decidiu-se pela Virtude e desprezou a ofendida Volúpia.

Logo apareceu ao jovem atleta a oportunidade de demonstrar sua coragem e sua força; uma jovem chamada Nicipa esperava um filho e a infeliz Alcmena, que já voltara para junto de seu marido, também estava para ter um filho. Tendo Júpiter jurado que a primeira das crianças que nascesse teria poder sobre a outra, Juno, sempre vingativa, adiantou o parto de Nicipa, que deu à luz Euristeu. O menino ocupou o lugar de príncipe e futuro herdeiro, prejudicando assim o filho de Alcmena, que nasceu logo depois. Depois que se tornou adulto, Euristeu sentiu-se roído de inveja ao saber da bravura de Hércules e desafiou-o, então, a realizar doze façanhas aparentemente impossíveis, dentre elas a de matar o famoso leão de Neméia.

Em Neméia, cidade da Argólida, havia um leão de enorme tamanho, que vivia numa floresta vizinha. Essa fera de colossal força e tamanho devastava o país sem que ninguém pudesse deter sua fúria. Hércules, que tinha apenas dezesseis anos de idade, aceitou o desafio de Euristeu e foi para o bosque de Neméia, onde foi imediatamente atacado pelo leão. Sem conseguir feri-lo, o herói inutilizou todas as suas flechas e quebrou sua clava de ferro. Já não tendo nenhuma arma, Hércules agarrou-o com as mãos nuas e conseguiu estrangulá-lo,

147

esfolando-o depois. Com sua pele fez um escudo, que lhe serviu em todos os combates. Júpiter, orgulhoso da coragem do seu filho, colocou o leão na constelação de Leão a fim de imortalizar sua façanha

## Apolo, o Sol

Júpiter certa vez se apaixonou por Latona, filha do Titã Céu. Juno, que muito sofreu com as infidelidades de Júpiter, ficou furiosa ao saber que Latona estava esperando um filho. Fez com que a Terra prometesse não abrigar a ela e à criança e ainda mandou a serpente Phon persegui-la e matá-la. Netuno, compadecido, bateu no mar com seu tridente e fez surgir dos verdes abismos a Ilha Delos, onde Latona se refugiou. Ali, sob uma oliveira, ela deu a luz um casal de gêmeos: Apolo e Diana, o Sol e a Lua.

Assim que se tornou um adolescente, Apolo tomou seu arco e suas flechas e matou Phon, vingando assim os sofrimentos passados por sua mãe. Em seguida esfolou a serpente e com sua pele cobriu a trípode onde a Pitonisa de Delos se sentava para preferir seus oráculos.

Apolo era um jovem de extraordinária beleza, com um corpo atlético e de linhas perfeitas e longa cabeleira loira que lhe caía aos ombros. Sua primeira paixão foi a ninfa Coronis, com quem teve um filho, Esculápio, que se tornou mestre em Medicina. Certa vez, tendo ressuscitado Hipólito sem o consentimento dos deuses, Esculápio incorreu na ira de Júpiter, que o fulminou com um raio. Estes raios jupiterianos eram feitos pelos Cíclopes, gigantes de um só olho, que trabalhavam nas forjas de Vulcano, no Monte Etna. Apolo, louco de mágoa pela morte de seu filho, vingou-se matando os Cíclopes. Júpiter, então, expulsou-o do Olímpio, como castigo.

Apolo teve muitas aventuras na Terra, onde se refugiou no palácio de Admeto, rei da Tessália, que lhe confiou a guarda de seus rebanhos. Triste como todo exilado, enquanto vigiava os animais, Apolo tocava sua lira com tal arte que ninguém resistia ao ouvi-lo. Certa vez o deus Pã resolveu desafiá-lo para um duelo musical e o Rei Midas foi escolhido como árbitro. A fascinante flauta do deus dos bosques não conseguiu vencer a lira de Apolo, porém Midas, que era amigo de Pã, deu-lhe assim mesmo a vitória; zangado, Apolo vingou-se fazendo nascer no desonesto rei um enorme par de orelhas de burro. Mais tarde foi desafiado pelo sátiro Mársias, que era um musicista sem par. Ante a proposta de que o vencedor poderia fazer do outro o que bem quisesse, Apolo aceitou a aposta. A despeito de toda a sua arte, Mársias foi vencido e o deus Sol, com a crueldade própria dos habitantes do Olímpio, esfolou-o vivo; depois, arrependido, ao ver Mársias morto, tomou a lira e a flauta que haviam servido para o desafio e colocou-as numa caverna consagrada a Baco.

Sentiu grande amor pela ninfa Clímene, que lhe deu vários filhos, entre os quais o célebre Faetonte. Por meio de um truque, Faetonte conseguiu obter de Apolo a permissão para dirigir o carro do Sol e iluminar a Terra por um dia. Como havia jurado pelo Estige e não podia quebrar sua palavra, Apolo cedeu aos desejos do filho. Os cavalos que puxavam o carro de fogo, todavia, sentiram a mão inábil do jovem Faetonte e se desgovernaram, ora afastando-se demasiadamente da Terra, ameaçando incendiar o céu, ora baixando até quase roçar a superfície, secando os rios e calcinando campos e cidades. Júpiter, para evitar a ruína do universo, causou nova e inconsolável dor a Apolo, transpassando Faetonte com seu raio mortal.

A ira do deus dos deuses finalmente se acalmou e o Sol teve permissão para retornar ao Olímpio e reassumir seu lugar. Foi adorado não só como divindade solar, mas, também, como protetor da música, da poesia, da eloqüência, da medicina, das profecias e da arte. A ele eram consagrados galos, gaviões, cisnes e cigarras. O loureiro e a oliveira eram suas plantas sagradas e seus devotos também lhe ofereciam flores, entre elas o lótus, o mirto, o jacinto, o heliotrópio e o girassol. Era sempre representado como um belo jovem, porque o Sol jamais envelhece. Na Terra e nos infernos seu nome era Apolo e no céu era conhecido como Febo.

Segundo outra lenda, o Sol está associado a um deus chamado Hélios. Quando jovem, Hélios foi afogado no Erídano por seus tios, os Titãs. Sua mãe, tendo-o procurado em vão, foi consolada ao saber que Hélios havia sido transportado para o Sol, que seria então sua eterna morada. Este deus era também representado como um belo jovem louro e dirigia um carro de luz puxado por quatro cavalos: Éton, Flégon, Pírois e Ego. Sua irmã era a formosa Selene, a Lua.

# ASTRONOMIA

## A constelação de Leão

Para quem tem um pequeno conhecimento do panorama celeste, é fácil descobrir, no céu, a constelação do Leão; podemos identificá-la pelo ponto de interrogação em posição invertida, que algumas de suas estrelas formam, e pelo brilho excepcional de Régulo, a alfa Leonis. Régulo é um corpo celeste de grande beleza, colocado na base inferior do ponto de interrogação, repousando exatamente sobre a linha da eclética. Leão possui ainda três estrelas bem brilhantes que são Denébola, sua beta, e sua gama e delta, Algieba e Zosma.

Uma das estrelas de Leão está a exatamente nove graus de distância da eclética. Os planetas que passeiam na estrada imaginária, cujo centro é marcado por essa linha, jamais se afastam até tal distância, com exceção de Vênus, que em suas errantes caminhadas chega até quase esses nove graus; Urano, o mais conservador entre eles, distancia-se apenas um grau do centro da faixa zodiacal.

Régulo, a alfa de Leão, é um dos quatro corpos celestes denominados "estrelas reais" do zodíaco. Os outros são Aldebarã, a alfa da constelação de Touro, Antares, a maravilhosa estrela rubra de Escorpião e Fomalaut, que embora pertença a uma constelação não zodiacal, o Peixes Austral, está bem próxima dos limites da faixa zodiacal.

## O Sol

O Sol, 109 vezes maior do que a Terra parece em relação a ela, um gigantesco corpo celeste. No entanto, em paralelo com outras estrelas, ele nos parece ridiculamente pequeno, sendo que existem astros que tem oitocentas vezes o seu tamanho. Não precisamos escolher as maiores habitantes do universo para sentir vertigens quando pensamos nos gigantes que cintilam placidamente sobre nossas cabeças. Betelgeuze, por exemplo, a beta da belíssima constelação de Órion, é quatrocentas e oitenta e quatro vezes maior, tem um volume cento e treze milhões de vezes superior ao dele e cento e quarenta e sete trilhões de vezes maior do que o da nossa humilde Terra.

A luz do Sol às vezes nos parece demasiadamente intensa e seu calor, em certas épocas do ano, pode até causar graves perturbações. No entanto, tudo parece insignificante se estudarmos o calor e a luz de outros sóis, como Sírius, que se estivesse em seu lugar nos iluminaria e aqueceria com uma intensidade vinte e seis vezes maior. Assim, no verão, em vez de uma temperatura máxima de 40° à sombra, que nos parece insuportável e que chega a trazer conseqüências fatais, teríamos que suportar um calor equivalente a 860°. Sírius, que é a mais brilhante das estrelas do nosso universo visível, tem uma feição bem curiosa. É dupla e seu corpo mais brilhante irradia dez mil vezes mais luz que seu companheiro menor e mais opaco; este companheiro, todavia, que só pode ser visto com poderosos telescópios, tem uma densidade vinte e sete mil vezes maior do que a da água. Uma bola de tênis feita com a matéria dessa estrela pesaria quatro toneladas e meia e seria preciso um atleta como Hércules para jogar uma partida com ela.

O nosso Sol se move no espaço com uma velocidade de aproximadamente 20.000 metros por segundo, carregando consigo seus planetas e respectivos satélites; como os planetas circulam em órbita ao seu redor ao mesmo tempo que ele se desloca para a frente, esse movimento conjunto tem um sentido espiral. O destino do Sol parece ser a constelação Lira, ou melhor, Vega; se esta estrela permanecesse imóvel, o que não acontece porque ela também parece correr ao encalço de algo tremendamente importante; nós a alcançaríamos em quinhentos mil anos. Vega, que é a quarta entre as mais brilhantes estrelas visíveis no céu, tem uma luminosidade cinqüenta e duas vezes maior do que a do nosso Sol.

Cento e cinqüenta milhões de quilômetros nos separam do Sol e quando vemos seu belo e dourado disco, cujas bordas nos parecem tão perfeitamente delineadas, nem sequer imaginamos a fúria existente dentro dos limites dessa esfera que se assemelha a uma fogueira atômica. As tempestades solares, que ocorrem com muita freqüência, não têm termo de comparação com o mais violento dos furacões que possa se abater sobre nós. Às vezes essas tempestades fazem explodir gigantescas bolhas de matéria incandescente e as sobras que caem em nossa atmosfera produzem as auroras e as tempestades magnéticas. Em certas ocasiões uma língua de fogo de brilho ofuscante brota da turbulenta superfície solar e parece ejetar átomos ou prótons e elétrons de hidrogênio que, caminhando numa velocidade de seiscentas milhas por segundo, atingem nossa atmosfera em mais ou menos cinqüenta horas e também provocam auroras, distúrbios magnéticos e perturbações nas transmissões de rádio.

O Sol, segundo os astrônomos, ainda brilhará por muito tempo, não havendo nenhum indício de que ele esteja sofrendo algum resfriamento. Não possuindo melhores meios para fazer seus cálculos, os astrônomos fizeram estudos sobre outras transformações nucleares que libertam radiação com a mesma prodigiosa intensidade que ele e chegaram à conclusão de que o nosso astro ainda tem energia suficiente para nos aquecer durante centenas de anos. Na verdade, temos que apreciá-lo muito e fazer ferventes votos para que dure muito tempo. É graças a ele que vivemos, e no dia em que se apagar, ficaremos realmente no escuro, pois a mais próxima estrela está trezentas mil vezes mais distante de nós.

## ALGUNS LEONINOS FAMOSOS

Yoná Magalhães — 7 de agosto de 1935

Fábio Assunção — 10 de agosto de 1971

Sir Walter Scott — 15 de agosto de 1771

Percy Bysshe Shelley, poeta — 4 de agosto de 1792

Emily Bronte — 30 de julho de 1818

Madame Du Barry — 19 de agosto de 1743

Camilo Benso Cavour — 10 de agosto de 1910

Simon Bolívar — 24 de julho de 1783

Guy de Maupassant — 5 de agosto de 1850

Tennyson, poeta — 6 de agosto de 1809

Claude Debussy — 22 de agosto de 1862

São Francisco de Sales — 21 de agosto de 1567

Marechal Deodoro da Fonseca — 5 de agosto de 1827

Oswaldo Cruz — 5 de agosto de 1872

Alexandre Dumas (pai) — 24 de julho de 1802

Alexandre Dumas (filho) — 27 de julho de 1824

Bernard Shaw — 26 de julho de 1856

Mata-Hari, bailarina e espiã — 7 de agosto de 1876

Napoleão Bonaparte — 27 de julho de 1768

Ethel Barrymore — 15 de agosto de 1879
Aldous Huxley — 26 de julho de 1894
Fidel Castro — 13 de agosto de 1927
Benito Mussolini — 29 de julho de 1883
Henri Ford — 30 de julho de 1863
John Rockfeller — 8 de agosto de 1839
Jorge Amado — 10 de agosto de 1912
Guilherme de Almeida — 24 de julho de 1890